【青少年探索·发现之旅丛书】

解不开的历史谜团

膳书堂文化 编著

中国地图出版社
中华地图学社

图书在版编目(CIP)数据

解不开的历史谜团/膳书堂文化编著.—上海：
中华地图学社，2013.6（2020.8重印）

（青少年探索·发现之旅丛书）
ISBN 978-7-80031-751-4

Ⅰ.①解… Ⅱ.①膳… Ⅲ.①世界史－通俗读物
Ⅳ.①K109

中国版本图书馆CIP数据核字(2013)第100945号

策划制作：膳书堂文化
责任编辑：张保林
封面设计：红十月设计室

青少年探索·发现之旅丛书
解不开的历史谜团

出版发行：中国地图出版社		**经 销**：新华书店	
中华地图学社			
社 址：上海市武宁路419号A座6楼		**印 张**：10	
邮政编码：200063		**版 次**：2013年6月第1版	
网 址：www.diyiditu.com		**印 次**：2020年8月北京第8次印刷	
成品规格：170mm×230mm		**定 价**：29.80元	
印刷装订：北京一鑫印务有限责任公司			

书 号：ISBN 978-7-80031-751-4
如发现印装质量问题，请与承印厂联系调换。

P 前 言
reface

进入21世纪，随着人类对史实研究的不断深入，人们对历史也有了更加深入的了解。但是在历史长卷里的每一卷中都会给后人留下很多谜团。

人类在地球上有着数百万年的生存史，在这段漫长的时间里，人类的历史长河犹如一面镜子，记载了历史每个种族发展史的瞬息万变，也记载了人类的耻辱与光辉。在这里我们可以发现人杰与鬼雄层出不穷，真善与丑恶泾渭分明。当我们用心逐渐靠近这些人、这些事的时候，我们切身体会到了历史中沉淀的无数荒城古冢、残垣断壁。虽然这些似乎虚无缥缈离我们很遥远，但它们却都是历史遗留下来的可以追寻的蛛丝马迹。历史可以造就英雄也可以毁灭英雄，人世的沧桑与岁月的磨砺都可以使人类的历史更加充实，更加丰富。回顾过去，许多时代的历史都是由战争和流血冲突谱写出来的。

本书将从远古习俗解密、追本溯源、偶然与必然、高贵与虔诚、荣辱与贵贱的标签、撕开伪善的真面目等几个板块来向广大读者一一展示人类历史上的风俗习惯、血脉联系、荣辱伪善等，从而帮助广大读者从谜团的层面更加认清历史、了解历史。本书通过一种全新的视角来研究和探索历史，在参考了大量历史文献、考古资料，并结合最新研究成果的基础上，揭开了众多富有传奇与神秘色彩以及一些处于历史演进紧要关头的谜团的真相和内幕。编者以不懈追寻历史谜题、不懈解开历史奥秘，作为打开世界历史的一把钥匙，使广大读者从新的角度走进历史事件，接近历史名人。

目录

Contents

第一章

古代习俗与宗教

远古人的"处女禁忌" ／ 2

远古人文身是为了美吗？ ／ 5

古罗马为什么风行"角斗"？ ／ 8

突厥人为什么以狼为图腾？ ／ 11

闪族圣树之谜 ／ 13

罗慕洛斯抢亲之谜 ／ 17

中美洲印第安人的球赛 ／ 20

耶稣裹尸布的真伪 ／ 23

犹太教强大凝聚力的
奥秘何在？ ／ 27

萨满巫师为什么会
改变性别？ ／ 29

阿兹特克人为何用上万名
活人做祭品？ ／ 32

第二章 36

追本溯源

班图人起源于何处？ ／ 37

匈牙利人起源于匈奴吗？ ／ 39

美洲印第安人的祖先是谁？ ／ 42

复活节岛上的最早居民是谁？ ／ 45

俄罗斯人和东斯拉夫人
是什么关系？ ／ 48

澳大利亚是谁首先发现的？ ／ 50

新巴比伦王国修建过通天塔吗？ ／ 53

谁是真正的美洲大陆
"发现者"？ ／ 55

哥伦布是在哪里登上
美洲大陆的？ ／ 58

谁先环航非洲大陆？ ／ 61

多利亚人何时来到希腊？ ／ 65

偶然与必然

马志尼的起义计划为何
一再流产？ / 69

世界首位宇航员因何机毁人亡？ / 72

沙皇亚历山大一世
是否杀父篡位？ / 75

梅林宫的悲剧 / 78

希特勒为何能逃过20次暗杀？ / 80

查理大帝的加冕事出偶然吗？ / 82

揭开真面目

《田中奏折》是真是假？ / 86

"加尔各答黑洞事件"之谜 / 89

纳粹为什么要杀害犹太人？ / 92

"傻子"皇帝克劳狄真傻吗？ / 94

希特勒缘何贿赂资深军官？ / 96

历史上的荷马之谜 / 99

"普雷斯特·约翰"其人其国的
传说是真实的吗？ / 102

古罗马帝国是怎么毁灭的？ / 106

目录
Contents

第五章 111 解不开的死亡密码

美国哈定总统死于何因？ / 112

切·格瓦拉牺牲之谜 / 115

马其顿国王亚历山大大帝

死因之谜 / 117

梦露是被肯尼迪总统

害死的吗？ / 119

麦哲伦是怎么死的？ / 122

苏格兰的玛丽女王死于何罪？ / 124

埃及艳后死于"眼镜蛇

之吻"吗？ / 127

古埃及图坦卡蒙法老是死于

谋杀吗？ / 130

第六章 133 难以破译的悬案

提修斯是不是真实的历史人物？ / 134

古罗马"斯奇庇奥兄弟事件"

的背景是什么？ / 136

暴君尼禄是罗马大火的

纵火犯吗？ / 139

日本皇室是世界上延续最长久

的皇室吗？ / 141

丘吉尔生日宴会遇险 / 144

希特勒为何使用"卐"作

纳粹标志？ / 147

温莎公爵有没有叛国？ / 149

第一章
古代习俗与宗教

　　人类社会是习俗诞生与发展的摇篮，人类社会的所有活动，都毫不例外地伴随着各种习俗。大量考古发掘文献和材料再现了远古人的习俗——社团、生产、生活、婚姻、丧葬、宗教礼俗等种种历史现象的风貌。习俗是区别种族和民族的标签。透过这些习俗现象，不难发现远古习俗在人类发展史上占有十分重要的地位。

远古人的"处女禁忌"

风俗是一种社会传统。某些当时流行的时尚、习俗久而久之会变迁，原有风俗中的不适宜部分也会随着历史环境的变化而改变，所谓"移风易俗"正是这一含义。风俗于历史形成的，是社会道德与法律的基础和相辅部分，它对社会成员有一种非常强烈的行为制约作用。"处女禁忌"现象，就是古代的一种风俗习惯。

在澳大利亚的一些原始土著部落中，"处女禁忌"现象十分常见，当有人结婚时，部落里的人们前来庆贺，当他们把热闹氛围推到高潮时，部落里就会有一些人出来把新娘带到另一间屋子里，并且会专门有一个人用石器或其他什么工具破除新娘的童贞。之后，又由一个人拿着沾有新娘的处女血的东西——向前来祝贺的人展示，并表示新娘与新郎的婚礼仪式进行完毕。

这种"处女禁忌"现象在远古时代非常具有普遍性。不仅澳大利亚的原始部落里有这种习俗，在马来亚的沙凯族、苏门答腊的巴塔斯族、赤道非洲的马萨族，也都有当姑娘到达青春期时由年老的妇女弄破处女膜的习俗。

在古希腊，处女在神庙前向神的代表献出童贞。在印度的不少地区，给新娘破除童贞的决不是新娘的丈夫，而是用木制的"神像生殖器"来破除。在中世纪，欧洲领主拥有对新娘的初夜权，可能也是一种"处女禁忌"的遗风。

对于以上这些地方的"处女禁忌"现象，很多人深感不解，大多数人认为这种做法有悖于

人的伦理，由第三者来破除新娘的童贞，是对女性处女童贞的不重视，或者是一种对女性的轻蔑。于是，这种现象引起了诸多学者的关注，他们对原始人类史和民俗学进行了深入的剖析。

著名的心理分析学之父弗洛伊德对这种"处女禁忌"现象提出了自己独到的见解。他认为，初婚会使女性肉体器官受损并由此产生强烈的心理创伤，这种心理创伤常常表达为对于

☆ 澳大利亚原始部落人

逝去的童贞的怅惘和惋惜，表现为对夺去其童贞的人的一种深刻的恼怒。为了避免新娘之后会产生这种恼怒心理并对丈夫施以报复，于是就由专门人员来承担破除童贞的任务。在他们看来这种做法实际上是一种对丈夫很好的保护方法。

还有的学者提出，这是原始人对处女流血的一种恐惧的疯狂心理的防备。原始民族大多对红色有一种神秘的心理，原始埋葬中常常把红色粉末作为殉葬品，认为它能注入生命的活

力。此外，原始人有饮血的习惯。他们喝动物的或敌人的血，血会引起原始人疯狂的杀欲。

在安达曼群岛上的安达曼人那里，女孩子初潮时有许多禁忌，例如不得外出、不得用原来的名字等等。人们害怕流血会带来可怕的祸害。而这种祸害与结婚的喜悦是矛盾的，作为避免的方法，就由第三者来承受可能带来的祸害。

另外，也有的学者认为，这是性自由的群婚生活时代的一种心理沉淀，处女禁忌由第三者，并且常常由男性真实地或仪式化地进行，有时由多个男子公开地、仪式化地进行，这是对古代群婚生活的一种回忆和重演，也是向群婚生活的一种告别。

在中国古代著作《荀子·非相》中曾写道："妇人莫不愿得以为夫，处女莫不愿得以为士。"对于远古人类的"处女禁忌"现象，人们对此一直争论不休，成为历史上的一个不解之谜。

·知识链接·

初夜权与古老的法律：

英国王储查尔斯王子在英国威尔士地区卡马森郡马德法伊村花100万英镑购买了当地一处庄园，作为他和卡米拉的度假别墅。然而，按照威尔士地区一项有着170多年历史的古老法令，作为"庄园主"，查尔斯将从此拥有马德法伊村里所有新娘的"初夜权"，可以在新婚之夜夺走其贞操。除非新娘向其交纳50便士，才能逃过此劫。据1833年颁布的《威尔士图解法典》中称："庄园主将有权向其领地上所有结婚的人收取10先令(50便士，约3元人民币)，否则按照习俗，他可以在新婚第一夜与新娘过夜。"

远古人文身是为了美吗?

文身是产生于世界各地原始部落民族的纹饰肤体的习俗,即经手术后在身体某部位留下不褪色的图案。文身是时下部分年轻人认为彰显个性、展示自己、美化身体的一种方式。事实上,这股潮流已经流行了几千年。古代的埃及人、欧洲人、非洲部落和印第安人等等都有文身的传统。他们也是出于对美的追求吗?

文身,又称刺青,是用带有颜色的针刺入皮肤底层而在皮肤上制造一些图案或字眼出来,或是刺破皮肤而在创口敷用颜料使身上带有永久性花纹。因为有时人们用的不是专门的文身颜料,经时间长了颜色会发蓝发青,所以又叫刺青。

据史料记载,古埃及人发明了文身,文身被定义为社会等级和部落联盟的诠释。估计在约一万四千年以前的石器时代,埃及金字塔内存放超过四千年的木乃伊中,男女贵族身上均刻有明显的文身杰作。由于地域、民俗等原因,原始人文身的部位以及图案都有所不同。或全身,或局部,一般在面、胸、臂、背、腿、腹等处。主要图案有鸟兽、花草、树木、龙蛇、星辰及一些几何图形等。

墨西哥雷维利亚希黑多群岛的居民,拜师学艺时首先要在左臂刺纹拜师的年月日和师傅的姓名。与此相似的是,在哥伦比亚卡克塔地区,学龄儿童要在右手腕上刺纹入学日期和启蒙老师的姓名,表示学生对师长的尊敬。

印度尼西亚纳士纳岛渔民的规矩是在胸部刺上居住地址,如果有人出海失事,可按文身通知家属。

在希腊的品都斯山区,新郎的左手和新娘的右手纹有对方的姓名与出生日期。

在西班牙卡腊瓦卡、耶斯特等地区,人死后要在尸体上刺去世日期。

澳大利亚蒂维族人不穿衣裤,仅用布带或纱网遮盖下身。他们喜欢在赤裸部分绘上各种彩色花纹。

非洲尼日利亚人喜欢在面部刺纹所属部族的标志,有的额头上刻着剑簇,有的双额划有横向的刀痕,有的脸腮上刺镂着蝎子,有的纹饰公鸡。

居住在太平洋中部密克罗尼西

亚群岛上的居民，文身的习俗已有数百年的历史。女性的文身笔画纤细，展示裙钗的柔情；男性的文身粗犷刚劲，表现须眉的气概。文身的图案精美，俨然一幅幅艺术佳作，令人叹赏不已。

另外，澳大利亚的阿兰达人、阿内特人、新西兰的毛利人、巴希亚人，南北美洲的印第安人，南美的海达人，印度南部的图达人，日本的阿伊努人等，以至于古代的欧洲人，包括我们中国人，都曾盛行过文身。

古人为什么要发明文身术，忍受痛苦为自己文身呢？

有人认为早在原始人类时期，古人就会用白泥或颜料在身上、脸上画出纹络。其作用一是美化自己。出于对美的追求与装饰而文身，这应该是文身的起源。原始社会，人们不穿或者很少穿衣服，人类最早的服装很可能就是各种文身的附属，大多数原始部落的人都认为，纹在他们身上的花纹是最美的，缺少了这些花纹，人就会变得很丑。除了文身，人们还用花、叶、动物的皮或树木的纤维、鱼的牙齿等来遮蔽和装饰自己，后来开始用石灰、黄土、赤土、过锰酸钾与坏土的混合物、植物的色素等物质作涂身之用。二是吓唬敌人。由于古代部落或氏族之间经常发生战争，古人为了在阵势上先声夺人，于是就想方设法地给敌人以威慑力，于是他们就把颜料涂在身体的某些部位来吓唬前来冒犯的敌人。

也有人认为，古人的这种做法是出于图腾崇拜。古人经常把一些花草树木以及虫鱼鸟兽作为自己神圣的崇拜对象，他们相信这些图腾就是他们的保护神，于是他们就把这些图腾刻在自己的身体上，起到护身符的作用，以祈求神灵的保佑。

还有人认为文身是出于宗教信仰的原因。常见虔诚的佛教徒身上刺有"南无阿弥陀佛"，也有人在身上绘上观音像，法华宗的信徒则绘上"南无妙法莲华经"。

此外，还有人提出文身还可以用

☆ 人体文身

解不开的历史谜团
jiebukaidelishimituan

来表明自己的身份。南美亚马孙河流域克波族人喜爱裸体文身，并在嘴唇和耳朵上穿孔，挂上珠子，装饰成嘴环。嘴环的长度还标志着社会地位的高低。南美洲查科地区的印第安人，有的部落贵族妇女只在手臂上刺花纹，在面孔上刺花纹的妇女则表示社会地位低下。这些文身习俗是成年、情爱、尊卑与贵贱的标志。

·知识链接·

文身风格：

习俗

文身被部分人当做个性与信仰的象征，文身产生于世界各地原始部落民族的纹饰肤体的习俗。在18世纪前文身都被称为刺青（在文身机出现前及18世纪前，文身都是通过针刺到皮肤上，所以文身又称刺青），即经针或文身机在身体某部位留下不褪色的图案。花纹有鸟兽花卉或图腾、经文、八卦等，反映其审美意识及宗教观念。在中国，高山、德昂、黎、独龙、傣、布朗、基诺等族皆有文身习俗。

部落风格

部落文化对于文身也有巨大的影响，你能看到摩托车族的T恤衫上印有部落文化的图案。他们是用鲨鱼牙齿及动物骨刺捆上木棒蘸上墨水，用小棒敲击入皮肤，图案多为黑色，由线条的粗细组成。我们现在的图腾都是由此演变而来的。

摩托车族的风格

20世纪60年代，美国摩托车族是这个国家和文身联系最密切的一个群体，甚至超出了水兵。摩托车族的文身风格及内容与传统的文身截然不同，几乎都是黑色的单针文刺，线条细腻，通常与奇卡诺和囚犯文身有联系。摩托车族的文身与传统工人阶级的文身图案也不一样，其主题与爱国、军队无关，明显表现反社会。

日本传统风格

日本的文身最早多文刺在脸部，大约在公元前300年前，神话中的英雄和武士常在身上文鲤鱼、龙和老虎等图案，这些图案周围通常是有规则的波浪（也就是板雾）、条纹和花（包括樱花、菊花和牡丹花），并且多为浮士绘风格。

写实风格

近些年随着文身艺术家们技术的提高和工具的日益先进，文身变得近似皮肤表面的绘画。随着绘画种类的划分，文身也随之出现了更为精致的处理手法，如近似立体真实的图案，称之为写实风格

古罗马为什么风行"角斗"？

在意大利的罗马有一个血腥至极的地方，那就是古罗马角斗场。虽说古罗马是一个城市、一个文明的象征，世人也对于古罗马人的这个两千多年前的宏伟建筑十分感慨，并且为之赞叹。但它更是彻头彻尾的人类罪恶、贪婪行径的一个摇篮。建设这个角斗场的原因，其实是因为精神的贫乏。古罗马进行角斗的目的又何在呢？

公元前80年左右，古罗马创建了用两个半圆形剧场相对而合成的圆形剧场以供角斗这种活动之用。罗马大角斗场是所有圆形剧场中最大的，位于罗马市中心东南。公元前72年，古罗马帝国的韦帕芗国王为了纪念征服耶路撒冷的胜利，强迫数万名奴隶在莫尔西亚山谷尼禄皇家花园里的人工湖上经过十多年的建造，建成了这座雄伟壮观的大角斗场。

古代罗马是一个残忍的社会，其残忍的重要特征之一是风行野蛮残酷、充满血腥的角斗比赛。奴隶主驱使受过专门训练的角斗士，手持剑、匕首和三叉戟，在角斗场上互相拼死格斗，或者强迫角斗士与饥饿的猛兽厮杀。当时的罗马市民也变得异常残忍，以欣赏流血为乐，当一批批角斗士血染黄沙，躯体被猛兽撕裂之时，

他们不但不感到厌恶憎恨，反而发出一阵阵欢呼。

公元前264年，在罗马广场，布鲁图兄弟在父亲的葬仪上组织了3对角斗士的格斗，这是罗马第一次有记载的角斗表演。以后民间私人举行的角斗的规模逐渐扩大，方式不断翻新。

公元前216年，在罗马已有22对角斗士参加比赛；公元前186年，从非洲运入了野兽；公元前183年，角斗人数增至60对。在罗马征服地中海世界、成为一个庞大的帝国后，角斗之风开始盛行，并且在长达两三个世纪里风行不衰。

公元前65年，恺撒为他的父亲举行葬礼，用了320对角斗士和犯人，强迫他们同野兽搏斗。奥古斯都在位时举办的角斗，8个不同赛场上有5000对角斗士进行格斗。公元52年，皇帝克

解不开的历史谜团

jiebukaidelishimituan

劳狄将19000名角斗士分成两支舰队，在罗马附近的一个湖面上展开战斗。

公元80年，可容纳8700人的罗马大圆形竞技场举行落成典礼，角斗比赛持续100天，其中有一天，3000人进行格斗。公元108－109年，皇帝图拉真为庆祝征服达西亚，持续进行了123天的角斗比赛，有9138名角斗士参加了格斗，11000只动物被杀。

古罗马各地角斗风气很盛，每个较大的城市都建有角斗场，大的至少能容纳5万名观众，不知有多少人惨死在那里。古罗马人为什么爱好观看这种极其残忍的娱乐呢？

有关学者认为这种做法是罗马人从邻近民族伊达拉里亚人那里学来的。他们进行角斗极有可能与祭祀和宗教活动有关，古罗马人相信死者可以用血来赎罪，因而在葬礼上人们要杀战俘和奴隶祭祀祖先。但是有人持反对观点，他们认为这种说法理由似乎不太充分，因为古代具有罗马人这种迷信观念的民族是很多的，但在角斗风行的时候，它已经失去了最初的宗教意义。

有人说，罗马贵族和皇帝为了个人的目的煽起了角斗之风。有些贵族为了光耀门第，有些政客为了捞取名望，以便在竞选中获得更多选票，都竞相打破早先的限制，扩大角斗规模，增加比赛次数，延长比赛时日。

有时皇帝也把角斗比赛作为施展淫威的场所。皇帝克劳狄有一次对竞技场舞台设计不满，就命令建造舞台的工匠格斗；皇帝卡里古拉有一次发现参加格斗的犯人不够，便下令逮捕一些平民，作为犯人与野兽格斗。

也有人提出这种角斗行为与古罗马的政治有关。古罗马人的政治活动场所主要有三种：元老院、浴场和角斗场。元老院与政治有直接的关系。而当时有些浴场规模很大，里面除浴池外还有议事的场所和图书馆。然而，角斗表演也与政治活动关系密切，有野心的贵族为争取更多的人支持他们，就以举办角斗来讨好罗马平民。

☆ 古罗马角斗场

还有人认为角斗是罗马帝国统治与教育的需要。西塞罗就说过："角斗是一种良好的教育，它能培养沉着、勇敢和视死如归的精神。"在"和平时期"，罗马帝国内部的核心地带实际上已与战争相隔离。为了保持罗马的战斗传统，罗马人在城市和乡镇建立起人工战场作为公共娱乐场地。在这里举行角斗比赛，有助于对后方的男人、妇女和孩子们反复进行勇敢和善战的现场教育，使孩子们懂得被打败的人将会得到怎样可怕的结果。由于每次角斗比赛，总有许多战俘、奴隶、犯人被打死，因此，它与执行一次公开的死刑差不多。它对罗马的公民、属民和奴隶起到一种杀一儆百的作用，谁敢反叛或出卖他们的祖国，谁就会得到同角斗士同样的下场。

也有人认为，罗马风行角斗在于传统。如罗马人喜欢血，就渴望经常举办流血的角斗比赛。还有人说，原因可能在于群众的社会心理方面，那就是一种把它作为一种特别方式的安慰，可能产生与攻击者的胜利相一致，而不会与失败者的痛苦相一致的心理状态。

此外，也有人提出古罗马角斗的根本原因是奴隶制度。奴隶制度把人不当人看待，对奴隶、战俘、犯人任意折磨和杀戮。奴隶制度还制造了大批破产的农民，他们拥入城市，成为流氓无产者。这些人视劳动为耻辱，整天无所事事，不劳而获，是社会的寄生虫。但他们却是全权公民，握有选票，因而在政治斗争中居于举足轻重的地位，统治阶级在权势斗争中需要他们作为支柱，于是就采取高压和引诱两手对付他们，使他们在日复一日欣赏角斗流血的过程中日益堕落、沉沦，成为对统治者俯首帖耳的工具。

如此残忍的角斗在古罗马表演一直延续到公元5世纪才得以停止。那么，古罗马进行角斗的真正原因到底是什么呢？其实无论原因如何，古罗马的角斗场给人们留下的惨不忍睹的阴影是永远洗刷不掉的。

·知识链接·

罗马角斗场：

罗马角斗场在意大利首都罗马市内台伯河东岸，为古罗马的象征，被誉为"世界八大奇迹"之一。罗马角斗场建于公元72—79年，8万名犹太俘虏用工8年方完成。整个建筑占地2万平方米，周长527米，可容纳9万观众。它是罗马帝国征服耶路撒冷后，为纪念皇帝的丰功伟绩而建的。罗马角斗场规模宏大、功能完善、结构合理、景观雄伟，它的形制一直影响到现代的大型体育场。

突厥人为什么以狼为图腾？

图腾是原始人群体的亲属、祖先、保护神的标志和象征。这是人类历史上最早的一种文化现象。社会生产力的低下和原始民族对自然的无知则是图腾产生的基础。突厥人为什么要用凶悍的狼来作为他们的图腾进行膜拜呢？

突厥是中亚和西亚等民族的主要成分之一。突厥人最初大约居住在今叶尼塞河的上游，公元5世纪为亚洲北部大国柔然所迫迁至阿尔泰山的南面。公元5世纪，突厥人成为柔然的种族奴隶，被迫迁居于金山（今阿尔泰山）南麓。公元6世纪初获得独立，随后征服中亚。公元552年突厥打败柔然，建立起幅员广阔的突厥汗国，势力迅速扩展至蒙古高原。之后，又使国土西抵波斯帝国边境。突厥汗国后来分为东、西突厥和后突厥。

公元11和13世纪，西突厥人中的塞尔柱和奥斯曼两支部落先后迁徙到西亚，分别建立庞大的塞尔柱帝国和奥斯曼帝国。突厥人在崛起的时候，军旗上曾经绘有金色狼头，号称狼旗，并以狼作为他们的图腾。

"图腾"一词来源于印第安语，意思为"它的亲属""它的标记"。在原始人信仰中，认为本氏族人都源于某种特定的物种，大多数情况下，被认为与某种动物具有亲缘关系，于是，图腾信仰便与祖先崇拜发生了关系。在许多图腾神话中，人们认为自己的祖先就来源于某种动物或植物，或是与某种动物或植物发生过亲缘关系，于是某种动、植物便成了这个民族最古老的祖先。他们崇拜本民族的图腾，并以它作为本氏族的名称和标志。这便是人类最古老的宗教形式之一——图腾崇拜。

但是，突厥人为什么选择狼这种凶悍的动物来作为自己的图腾呢？

据《周书·突厥传》的相关记载，突厥人选择狼作为本民族的图腾有两个传说。

第一个传说认为突厥人本是匈奴人的别种，姓阿史那。但是后来，这个匈奴部落被邻国所占领，整个部落的成员尽被杀戮，唯独剩下一个10岁的小男孩，士兵们不忍心将其杀死，于是就把他的双脚砍掉，之后就把这个小男孩丢弃在草丛灌木林中。后来幸运的是，有一条母狼出于怜悯，用肉饲养这个男孩，使男孩得以长大成人。之后，男孩与母狼同合，母狼还怀了子。邻国的国王听说当年那个小男孩还活着，于是再次派人去杀掉他。当杀手来时看见狼正在旁边，便想将狼一并杀死。但狼却逃走了，来到高昌国的北山。山上有一个草木丛生的山洞，于是，狼在洞里产下了10个男孩。他们长大后，在外面娶妻成家，后代各有一姓，阿史那即其中之一。

第二个传说，突厥人的祖先原是在匈奴之北的索国，部落首领名阿谤步，有兄弟多人，其中一个兄弟叫伊质·泥师都，是母狼生的。阿谤步等人生性愚痴，所以败落下去。而泥师都由于感受到特别的灵气，能够呼风唤雨。他娶了两个妻子，分别是夏神和冬神的女儿。有个妻子一胎生了4个男孩，大儿子由于关心同部落人的疾苦，多方予以周济，被大家奉为君主，国号为"突厥"。

虽然以上两个传说的内容有所不同，但都认为狼就是突厥人的祖先。其实，在某些古代民族的传说中，也有狼被描述成热心抚育人类幼儿的善良动物，甚至有被视作他们的祖先而加以顶礼膜拜的记录。那么，突厥人究竟为什么把狼作为图腾进行膜拜？这个问题估计只有突厥人的祖先才知道原因吧。

·知识链接·

图腾：

图腾是原始人群体的亲属、祖先、保护神的标志和象征，是人类历史上最早的一种文化现象。社会生产力的低下和原始民族对自然的无知是图腾产生的基础。运用图腾解释神话、古典记载及民俗民风，往往有举一反三之功。图腾就是原始人迷信某种动物或自然物同氏族有血缘关系，因而用来做本民族的徽号或标志。

☆ 擅长骑射的突厥人

解不开的历史谜团

jiebukaidelishimituan

闪族圣树之谜

闪族人又称闪米特人，是起源于阿拉伯半岛的游牧民族。在中东的闪族文化中，树木图饰尤为多见，是最古老和最广泛的主题，而闪族的圣树有着无穷无尽的谜……

在古老的闪族文化当中，树木的图案比世界上其他民族的象征含义运用得更为广泛，树木在闪族文化当中是一个永远不会褪色的古老元素。

关于圣树的图案，我们随处可见。在亚述碑刻上往往可以看到面对圣树的有翼神，它一手执一篮子，一手持一锥形物即枣椰子。枣椰树原产中东、北非，美索不达米亚盛产枣椰树。枣椰子可用以制造面包、酒和蜜，枣椰子与居民的生活关系密切。希伯来人曾经用枣椰树象征正人君子，《旧约·诗篇》中说："正人君子应像枣椰树一样繁茂，像黎巴嫩雪松一样旺盛。它们植于上帝的殿堂，成长于神的院庭。即使到了暮年，也仍然生气勃勃，永绿常青。"

虽然枣椰树一般植根的土壤往往十分贫瘠，四周的气候环境炽热干燥，但是长得却很茂盛，仍然郁郁葱葱。枣椰树的外观漂亮，其叶饰成为喜悦和狂欢的标志。其树干高大挺拔，并且持续长高，直至生命结束。它的果实累累，枣椰树不像其他树木那样容易受到冬天的丰沛雨量和夏天的酷热太阳的影响。此外，它的最佳的果实结成于其生命的最后阶段，往往在树龄达到一百年后才能采集到最好的枣椰子。枣椰子也是口渴者的救星，枣椰树被人们喻为"一座友善的灯塔，指点旅行者找到水源"。或许这是与枣椰树本身的许多特性有关，所以人们以枣椰树来象征正人君子。

此外，枣椰树的图案在所罗门神庙的建筑装饰中许多地方也使用过。

《旧约·列王纪上》中有关章节提及到所罗门神庙内、外殿的墙上都装饰了枣椰树。这些枣椰树不仅是装饰，更标志着那些正人君子将健康长寿，是对他们常做善事的褒奖。

橄榄树是人类所知的最古老的果树之一。据传，其原产地是小亚细亚。它在新石器时代以后就种植于地中海等地区了，自公元前3000年起一直是克里特地区的主要农产品和商品。后来，橄榄树从克里特岛逐步传播到希腊、罗马、高卢、西班牙等地。橄榄树象征着胜利，代表了希望，古代奥运会的奖品就是橄榄枝编成的花环。橄榄树生命力极强，能够适应各种不同的生存环境，象征顽强的拼搏精神。橄榄树是坚强和生命的象征，代表着永远。橄榄树对于希伯来人来说，还是美丽和力量的象征。

据希腊神话记载，雅典城建成后尚未命名，雅典娜和波塞冬都想以自己的名字为其命名，因此争执不下。诸神便作出决议：谁给予人类最佳的礼物，便能获得命名的殊荣。雅典娜用长矛击地而长出橄榄树，波塞冬则用三叉戟击毁海岸而使之生出战马。后来诸神判雅典娜胜，获胜的原因是作为和平标志的橄榄显然比象征战争的战马更有利于人类，故该城从此名为"雅典"。

橄榄之所以象征和平，可以在《圣经》中找到诠释。在《圣经》中，橄榄也是安全旅行的标志：诺亚与各种禽兽在方舟上躲避洪水，当过了9个月洪水渐退后，诺亚便放出一只鸽子去探询水情。鸽子返回时，嘴里衔着一根新摘下的橄榄枝。这表明上帝的愤怒业已缓解，水已退尽，人民

平安了。后来蛮族部落之战，败者若要求和，就得向胜利者交纳一根橄榄枝以示和平。

在闪族文献中，石榴树常常被用作为宗教中神圣的象征。有人认为，希伯来语中"石榴"一词的读音即是同名神祇的名字。这进一步证明了石榴树的神圣象征意义。《旧约·雅歌》中部分章节提到，所罗门将其新娘的神庙比作一片石榴，而将新娘本人比作植有包括石榴树在内的果园。或许正是这个原因，不结果实的石榴

☆ 橄榄树

解不开的历史谜团

jiebukaidelishimizhuan

树便成了荒芜和寂寥的象征。由于每只石榴果实中含籽多达数百颗，所以古人将石榴视为丰产和生命的标志。所罗门神庙立柱上的石榴或许也暗示了类似的意思。

此外，葡萄也具有一定的象征意义。《新约·约翰福音》中有的章节提到耶稣对信徒们曾经说过："我是真正的葡萄树，天父则是栽培者。他剪去我不结果的枝，涤净结果的枝，使之结出更多的果。……枝子若不长在葡萄树上，就不会自行结果；你们若不在我里边也不会得道。我是葡萄树，你们是枝子。"这也正好证明葡萄树是耶稣本人最早的象征符号之一。按照《圣经》所说，留在葡萄树和无花果树下，有平静、安宁的含义；而丰硕的葡萄果实则象征家庭的欢乐。《旧约·耶利米书》中曾记载先知以上帝的名义说："我栽你是上等的葡萄树，全然是真种子。你怎么向我变为外邦葡萄树的坏枝子呢？"因此，后来人们便把不忠实的以色列人喻为了"野葡萄"。

此外，除了上述的几种树木有象征意义之外，还有无花果树、雪松

等等，他们都具有各种各样的象征意义：

"雪松之于植物，犹如狮子在动物界中的地位一样。"表明雪松象征勇武有力。

闪族"圣树"中还有很多具有象征意义的树木，其中必定有很多是后人所不知道的，也必有很多是后人在历史发展和演变中给新赋予的象征意义。不管怎么样，闪族的圣树之谜还是很值得我们研究的。

· 知识链接 ·

闪米特人与宗教：

西方三大宗教——犹太教、基督教与伊斯兰教——都源出闪族。

伊斯兰教的《古兰经》与基督教的旧约圣经都是以闪族语系的语言写成的。旧约中代表"神"的一个字和伊斯兰文中的Allah（"安拉"就是"神"的意思）同样都源自闪语。谈到基督教时，情况就变得比较复杂了。基督教虽然也是源自闪族文化，但新约则是以希腊文撰写而成的，同时，基督教的教义神学成形时，曾受到希腊与拉丁文化的影响，因此当然也就受到希腊哲学的影响。

印欧民族乃是多神论者，但闪族一开始就相信宇宙间只有一个上帝，这就是所谓的"一神论"。犹太

教、基督教与伊斯兰教都是一神论的宗教。闪族文化另外一个共同的特色是相信历史乃是呈直线式发展，他们认为历史是一条不断延伸的线。神在鸿蒙大初时创造了世界，历史从此展开，但终于有一天它会结束，而这一天就是所谓的"最后审判日"，届时神将会对所有生者与死者进行审判。历史扮演的角色乃是这西方三大宗教中一个很重要的特色。他们相信，上帝会干预历史发展的方向，他们甚至认为历史存在的目的，是为了让上帝可以完成他在这世界的旨意。就像他曾经带领亚伯拉罕到"应许之地"一般，他将带领人类通过历史，迈向"最后审判日"。当这一天来临时，世界上所有的邪恶都将被摧毁。由于强调上帝在历史过程中所扮演的角色，闪族人数千年来一直非常注重历史的记录。这些历史文献后来成为圣经的核心。

对印欧人而言，最重要的感官乃是视觉。闪族文化中最重要的感官则是听觉，因此犹太人的圣经一开始就是"听哪！以色列"。在旧约圣经中我们也能读到人们如何"听到"上帝的话语，而犹太先知通常也以"耶和华（上帝）说"这几个字开始他们的布道。同样的，基督教也强调信徒应"听从"上帝的话语。无论基督教、犹太教或伊斯兰教，同样都有大声朗诵经文的习惯。

罗慕洛斯抢亲之谜

两军交战必有损失，一场由抢亲引起的战争在历史上还是很少见的，关于罗慕洛斯抢亲的传说又在现代史学界引起了一场激烈的争辩赛……

据传说，在很久以前，罗马城是由罗慕洛斯建立的。一天，这位开国元勋突然发现，在他统治的整个罗马城内竟然有大多数男子没有妻子，然而，邻国的国王又不愿意把自己国家的女子许配给罗慕洛斯的臣民，于是一个绝妙的主意从罗慕洛斯的大脑一闪而过，他向外界造谣宣布：由于他发现了隐藏在地下的"康苏斯"神的祭坛，所以将在8月18日在城内举行盛大的康苏斯节日庆祝仪式。

这个主意引起的轰动果然不小。在举行庆祝仪式的那天，前来参加庆祝的人非常多，尤其是罗马城邻邦的萨宾人，其中更不缺乏女性，这对于罗慕洛斯等人来说的确是一个很好的机会。正当热闹非凡的时候，罗慕洛斯站起身，折叠了一下自己的外袍，早已准备好的罗马青年立即拔出了剑，如离弦的箭一般冲了出去，将在场的许多女子抢走，而当场的萨宾人以及其他邻邦人都落荒而逃。于是，

罗慕洛斯便和他的臣民们十分顺利地抢到了自己的"战利品"凯旋。

在抢亲之后，人们发现其中有一个貌美如花的姑娘，于是他们就一致

☆ 古罗慕洛斯城堡

达成意见，决定把这位姑娘送给他们国家一位有地位、有声望的青年——塔拉西乌斯做妻子，于是在人们的簇拥下，这位如花似玉的姑娘就嫁给了塔拉西乌斯。塔拉西乌斯结婚以后，生活非常美满幸福。

由于罗慕洛斯诱抢萨宾人妇女，所以激起了萨宾人的愤恨，于是一场战争在所难免。在两军决战的关键时刻，出现了战争史上从来没有过的奇异场面。由于萨宾妇女已经和丈夫产生了感情，那些被罗马人抢去的萨宾妇女不顾危险，发了疯似地奔向战场，有的披头散发，有的怀抱孩子，对着战场上的死尸堆失声痛哭，喊着丈夫或者父亲的名字，在两军阵前跑来跑去。

两军把这情景看在眼里，都感觉自己很残忍，于是双方都放下兵器，主动撤离。在萨宾妇女们的苦苦劝说下，两军达成了协议决定和解。于是，罗马人和萨宾人组成了一个公社，塔拉西乌斯作为首领来共同统治两个部落。塔拉西乌斯死后，罗慕洛斯单独统治着这个公社，直至他被玛尔斯用战车带到天堂为止。

后来，这件事影响了后人，于是，后人就把抢亲作为了罗马人结婚的习俗，他们认为这样可以用来表达对夫妇恩爱长久的祝愿。在新娘出嫁那天，人们口里喊着"塔拉西乌斯"

表示对新人喜结良缘的美好祝愿。结婚时，新娘不能自己跨过丈夫家的门槛，而必须由别人抢去，结婚的情景与当年抢亲的情景一模一样。

罗马人抢亲的习俗真的是由这样的传说流传下来的吗？史学家们的观点不一。

有的史学家认为，罗马人抢亲的传说是比较可靠的。意大利考古学家在罗马东北40千米处发现的一座公元前8世纪萨宾人居住的古城——古雷斯可以用来证明它的真实性。这个惊人的发现正好与传说中的罗慕洛斯在世

☆ 罗马凯旋门

解不开的历史谜团

jiebukaidelishimituan

的年代(公元前753年罗慕洛斯建城)相符。

但是，也有人提出异议，萨宾人大本营离罗马很远，所以这个传说没有历史根据。虽然古雷斯的发掘是一个非常重大的发现，但是，我们也不能否认某些传说是人们按照现实中的某些东西编造的具有合理性的传说。萨宾部落的存在并不能完全证明罗马人当时进行过抢夺妇女的活动，也不能证明罗马人和其建立过公社。此外，罗慕洛斯这个历史人物是否真实存在过还没有得到证实，所以，罗马

人抢亲的传说的真实性还有待证实。

也有人认为传说毕竟是传说，并不具有一定的可靠性，抢亲这一风俗只能用来在一定程度上反映罗马公社和萨宾公社结合的历史实际情况。

还有人认为，罗马的这个传说是人们后来杜撰的，属于天方夜谭式的神话故事，不具有参考价值。德国著名学者、诺贝尔文学奖获得者蒙森在他的《罗马史》中就闭口不谈这些，他认为这都是些毫无根据的传说，不具有真实性。

关于罗马人抢亲的传说，人们对其真实性有赞同也有反对，这成为史学家们长期争论的话题，这个话题也成为当今历史学方面一个未解的谜题。

· 知识链接 ·

古罗马：

古罗马通常指从公元前9世纪初在意大利半岛中部兴起的文明，历罗马王政时代、罗马共和国，于公元1世纪前后扩张成为横跨欧洲、亚洲、非洲称霸地中海的庞大罗马帝国。到公元395年，罗马帝国分裂为东西两部。西罗马帝国亡于公元476年。而东罗马帝国（即拜占庭帝国）则在公元1453年被奥斯曼帝国所灭。

中美洲印第安人的球赛

万余年前，印第安人进入尼加拉瓜与墨西哥北部地区之间的中美洲，从此，便有了新的文化在此注入，印第安人的球赛也便在此诞生。印第安人举行球赛的目的成为史学家们关注和研究的话题……

印第安人喜欢举行球赛，于是在中美洲建有许多大的球场，以供比赛使用。有关学者对印第安人对赛球的执著便产生了研究兴趣。众所周知，现代人们进行球赛的目的是为了强身健体，消遣娱乐，那么，古印第安人为什么如此热衷于球赛，为什么要举行这种活动呢？

在所有玛雅人的古典城市中，都建有一个或几个球场。现今在尤卡坦半岛的奇钦伊察，还保留有一个全墨西哥最大的土著人球场。这个球场长95米，宽25米，两侧各有一堵高达8米的墙壁，在墙中央上方各有一个大石圈，在墙下方建有两座供观众站立观看比赛的平台。有的球场旁边还有一个洗蒸汽浴的简易设施。球赛活动在中部美洲的托尔蒂克、阿兹特克和玛雅文化区也十分流行。

从有关史料中我们可以了解到，古印第安人十分喜欢进行球赛，他们

通常有两队参加比赛，每队有7个人参加，球员的比赛服是非常华丽的，右腿绑有护膝，腰间扎着宽腰带，头戴着饰有彩色羽毛的头盔，看上去非常精神抖擞。比赛规则是球员需要把用热带森林中采集的橡胶制成的球投入石圈内；禁止球员用双手或双脚触球；而只能用背、双膝或臀部击球；球员应不让球落地；获胜的球队是少

☆ 印第安人的房子

犯规的队，即球员极力不让球落地、出界或触手。这些规则相当严格，因此，每个球员都很难进球。

有的学者认为，印第安人举办球赛可能是由于宗教原因。研究资料显示：在托尔蒂克人和阿兹特克人中并不存在什么体育精神，赛球不是为了表现球艺或灵巧或者用来锻炼身体，因此看来它并不是一种体育活动。于是，有些学者从其他方面进行研究。众所周知，美洲印第安人对宗教非常崇拜，因此，在社会生活中，他们的政治经济和军事活动，以及日常生活，都是同宗教密不可分的，所以宗教一直占有主导地位。因此，这些学者开始从印第安人的宗教开始入手，以期找到答案。他们认为，或许印第安人的球赛同他们的宗教思想及其礼拜仪式有关。于是，他们借鉴了玛雅

宗教与球赛关系作为实例进行了探讨。

玛雅宗教具有强烈的二元论倾向：善与恶之间的斗争永恒地影响到人类的命运。善神产生雷鸣、闪电和雨水，使得玉米生长和丰收；而恶神则带来死亡和破坏，它们造成干旱、飓风和战争，毁坏玉米，使人饥饿、痛苦和贫穷。玛雅的古抄本就描绘了这两种力量的斗争：雨神恰克来守护幼树；而在其后面，死神阿普切则走来要折断树木。

在这种宗教二元论思想的影响下，古代玛雅人通过各种手段，利用各种机会，祈求善神恩赐生命、健康和福祉。玛雅人在比赛中把球员分成两队，这象征着神学中的二元倾向，通过他们的竞争，而显示出善与恶之间斗争的结果。由此看来，玛雅人赛球可能与这种宗教二元论思想有关。

然而，大多数学者持一致观点认为，古印第安人球赛类似中世纪欧洲的神裁法，他们认为通过这种比赛可以获得神灵的旨意。由于认为是要去向神灵祈福，所以他们在参赛之前两个球队都必须进行祈祷，球员们祈求神灵保佑他们赢球。甚至通过巫术，试图赋予各种比赛用品以神奇的力量，其中包括他们的服饰、手套、护膝、护背。在赛球时，球员们也须极其小心谨慎，球场上的石圈也是球

员祈祷的对象；而用橡胶制成的球更是祈求的目标，球员祈求它们以神力为自己的团队效劳。比赛后，胜利者先是用失败者的鲜血把球洗干净；然后，他们把橡胶球烧掉，以献给自己的神灵。

赛球失败并不是关键，关键在于失败的人要按照祈来的神祇献出自己的生命来祭奠神灵，败者为寇，输的人必然要用死亡以示失败。

但是，对于献出生命来祭奠神灵的说法还存在不同的观点：那就是在宗教神学思想感召下，胜利者自觉自愿地做牺牲品，把自己的躯体献给神灵，从而让自己的灵魂升到天堂。

印第安人进行球赛的原因是出于类似中世纪欧洲神裁法的一种手段，还是一种严肃的土著宗教礼拜仪式?球

赛的结果会对比赛双方造成什么样的影响？这些问题还都有待于史学家们的进一步研究。

·知识链接·

玛雅文化：

玛雅文化是世界重要的古文化之一，更是美洲非常重大的古典文化。玛雅（Maya）文明孕育、兴起、发展于今墨西哥合众国的尤卡坦半岛、恰帕斯和塔帕斯科两州和中美洲内的一些地方，包括今日的伯利兹、危地马拉的大部分地区、洪都拉斯西部地区和萨尔瓦多中的一些地方。这一地区的总面积为32.4万平方千米。后世研究者推测玛雅文化流行地区的人口最高峰时达1400万人。

解不开的历史谜团
jiebukaidelishimintuan

☆ 玛雅人建造的金字塔

耶稣裹尸布的真伪

在现实和历史中徜徉，我们感受着耶稣裹尸布的千年谜案给我们带来的强烈冲击。耶稣裹尸布到底是真是假？

据《圣经·新约》上记载，耶稣的12个门徒中，有一个叫犹大的门徒出卖了他，耶稣在受尽折磨被钉死在十字架上后，门徒逃的逃、散的散，尸首无人收殓。一个叫约瑟的门徒把他的尸体取下来，用一块细麻裹尸布精心包裹好后放在了哥尔高扎的一个石洞墓里。三天后，几个去石洞吊唁的妇女发现耶稣死而复活，后来耶稣从墓穴逃走，留下那块裹尸布。对于这块细麻布的下落，经文没有再作交代。

1357年，一块未说明来历的亚麻裹尸布在法国利莱展出。这块裹尸布长4.2米，宽1米，为亚麻质地，稍微隔开一定距离，就可以清晰地在上面看到一个人的正面与背面的影像，即一个裸体、有胡子、留长头发的男人的图像，其大小与真人差不多。影像身高1.8米，死者的面容安详，有鞭痕和钉痕留在他身上，长发垂肩，双手交叉放置于腹部，在头部、手部、肋部与脚部有清晰的红色血渍状色块。有人认为这就是当年约瑟用来包裹耶稣尸体的那块圣布，因为裹尸布上的影像与《福音》书上所

☆ 最后的晚餐场景

描述的耶稣受难时被钉死在十字架上的状态十分相像。因此，基督教徒一直把这块裹尸布奉为圣物而加以顶礼膜拜。

最新科学实验证实，"裹尸布"可能出自耶稣那个时代。但其真伪一直困扰着科学界，很多科学家试图查清这块经历了许多历史挫折的亚麻布到底是否真是耶稣的裹尸布。它已经被专家研究过许多次，并出现了不少与它有关的怪异事件，同时更多令人难解的疑团也被一一引发出来。

1898年，在得到都灵大主教的许可后，一批科学家投入到对裹尸布的研究中。这批科学家发现，裹尸布的人形是一个裸体的形象，这违背了当时的风俗，因为依传统，耶稣在十字架上受难时穿着的是希腊长衣，或者腰间束有绷带。另外，裹尸布上的耶稣形象留有发辫痕迹，而中世纪时期几乎所有的圣像都没有发辫。因此他们对裹尸布的真实性提出了质疑。

甚至有人断言，它无疑是赝品，因为这块麻布上有着很多非常明显的疑点。怀疑者说，既然尸体是平放在墓穴中的，人像的头发就应该是平平散开的而非现在所见的垂直向下。陈年血迹应该呈黑色，而非现在这样红得好像是有人刻意弄上去的。如果这真的是包裹尸体的尸布，为什么上面的印迹却连一点点因为包裹造成的

解不开的历史谜团
jiebukaidelishimituan

皱褶扭曲都看不到？为什么布上"耶稣"的轮廓与中世纪法国哥特式绘画中的耶稣形象出奇的吻合，都是身体偏长偏瘦，鼻子比一般人长，手臂长度也不符合正常比例？

尽管如此，有人仍然找出了一些证据来证明耶稣裹尸布的真实可靠。相信者们发现：裹尸布画像上的脸形、胡子及披肩的发式都属于公元前的犹太人形，并且裹尸布上的形象与

☆ 耶稣被钉死在十字架上

圣西娜山上叶卡捷琳娜教堂中的圣像有45处相似，与查士丁尼二世时货币上的圣像有65处相似。生物学家还用气化理论回答了裹尸布上的图像是怎样形成的。他们发现，死者在生前最后一刻流出的汗与古代涂在尸体上的芦荟剂香料混合在一起，会有氨气放出，而正是由于汗气熏蒸而形成了裹尸布上的图像。

当时的研究水平有限，尽管其他人也对这块布进行了大量的研究，但人们一直都没有达成一致的看法。

1978年，在获得天主教的特准后，好几个国家的专家组成研究小组。这个专家小组来到都灵，用各种先进的精密科学仪器检测裹尸布，包括X光荧光分析、光谱分析、红外线分析、紫外线分析等。

怀疑派认为，裹尸布上的影像是14世纪画上去的。美国鉴定真伪专家麦克科朗支持这一看法，他认为：血迹可能是用氧化铁颜料和中古时代艺术家常用的玫瑰赤黄颜料掺和在一起画上去的，并用此法复制了一件，否则不可能经历两千年还这么鲜艳。但原来的裹尸布与它有一个极不相似之处，就是颜色透过麻布，两面都看得见。

纺织学家经过研究发现，这块亚麻裹尸布明显具有古代耶路撒冷地区的特征，而在古代的中东地区的人们则常以亚麻布做尸衣、尸布。

同时，科学家们还发现有一些花粉混合在裹尸布上，这些花粉大部分是属于生长在圣地耶路撒冷的植物。因此有人断定，裹尸布肯定在耶路撒冷保存过一段时间。但是这种说法很快受到了一些人的反驳。这些人指出，花粉是可以随风飘荡或被鸟类带到很远的地方的，而裹尸布恰恰在几个世纪中被放在露天场地上展出过。因此，花粉传播的说法不足以证明裹尸布的真实性。

正当欧洲的科学家们为此争执不休的时候，美国的研究人员得出了一个不同的研究结果。他们认为：首先，由于没有发现裹尸布上有颜料的成分，科学家们一致认为这块裹尸布不是一幅画，而裹尸布的画像也不是由蒸汽产生的。至于如何形成了这个图像，他们受到1532年意大利都灵天主教堂燃起的那场熊熊大火提供的线索的启发，断定它是由别人用轻微的焦痕来巧妙构成的。其次，科学家们通过研究裹尸布上的"血"迹，确认了裹尸布上留下的"血"迹的确是人血。但经过分析发现，裹尸布上的血不是来源于尸体，而是后来加上去的。原因是"血"迹部分拍摄的底片上呈白色，血迹是阳性的，而人体影像却是阴性的，这明显是不相符的。有些科学家根据这些证据指出，这块亚麻布根本不是传说中的耶稣裹尸布，裹尸布上的耶稣图像是伪造的。

即便如此，我们仍然存有疑问：如果裹尸布上的图像是由焦痕形成的，那么要有怎样的烧烫技术才能绘制出这样一幅图像呢？裹尸布上的图像是立体的，但古代人类是否已掌握立体成形技术？然而，最重要的是，历史上的耶稣裹尸布真的存在吗？

进入20世纪后，随着科学的发展，越来越多的学者开始从历史、化学、绘画学等多角度深入探究这件圣物的真实性，神秘的都灵裹尸布究竟是来自古巴勒斯坦的耶稣遗物，还是中世纪的伪造者精心炮制的赝品？这仍是一个未解之谜。

耶稣：

耶稣是基督教里的核心人物，在基督教里被认为是犹太教旧约里所指的救世主（弥赛亚），并且是三位一体中圣子的位格。耶稣生平见于基督教圣经新约的四大福音书，根据《路迦福音》记载，耶稣出生在现今巴勒斯坦的伯利恒，而历史学观点则认为耶稣生于加利利的拿撒勒。他也被称为拿撒勒人耶稣，或耶稣基督。根据福音书记载，耶稣在三年的传道中宣扬如何进入天国，在耶路撒冷的犹太祭司压力下，耶稣被古罗马犹太行省执政官本丢彼拉多判处在十字架上钉死，并且死后复活升入天国。

☆ 圣婴诞生

解不开的历史谜团

jiebukaidelishimituan

犹太教强大凝聚力的奥秘何在？

犹太教是世界最早而且最古老的宗教，也是犹太民族的生活方式及信仰。然而，犹太教所表现出来的巨大凝聚力的来源却是人们一直所迷惑不解的。

犹太民族是一个历史悠久的民族。从民族宗教上讲，犹太民族原来是居住在阿拉伯半岛的一个游牧民族，最初被称为希伯来人，意思是"游牧的人"。后来大概在公元前11世纪的时候，他们来到了巴勒斯坦和埃及，并且建立了以耶路撒冷为首都的以色列国家。再后来以色列国家一分为二，分裂后的北国（以色列地）和南国（犹太地）也在公元前722年和公元前586年先后亡于亚述帝国和巴比伦帝国。北方的以色列王国的居民被放逐，不知所终。南方的犹太人多次被掳离开自己的家乡，分散在外邦各处，史称"第一次大流散"。这以后，许多犹太人逐渐又重新回到以色列地。虽然不再是一个独立的国家，而且又多次被外族征服，如希腊、罗马帝国等等，但大多数时候犹太人基本上还可以保持一个相对独立的"自治省"的行政体制，甚至一度强大到成为附庸国的地步。但多次的被征服经历使更多的犹太人分散到世界各地。

之后的1800多年，犹太人一直过着在世界各地漂泊的生活。在基督教占统治地位的欧洲，犹太人又经历了一次次的宗教迫害事件，不少犹太人成为捍卫犹太教的牺牲品。1094年，十字军东征攻下耶路撒冷，将城内的犹太人全部杀害。到1267年，整个耶路撒冷只剩下两户犹太居民。但是更为悲惨的是在二战期间，纳粹德国对犹太人实行惨无人道的大屠杀，致使600万犹太人惨死在纳粹德国的屠刀之下和毒气室中。由于犹太人屡遭厄运，两千多年来人口没有增加多少，现在全世界也只有一千五六百万犹太人。

尽管现在犹太人所处的地域以及所讲的语言各不相同，但是他们也依然都信仰着犹太教，坚信自己就是犹太人。那么，犹太人遭受过这么多的悲惨经历都没有磨灭他们的坚定意志，是什么原因使他们的犹太教拥有如此强大的凝聚力的呢？

有的学者认为犹太教之所以在历经多重苦难之后依然凝聚力不减，是因为犹太教是受到的压力越大凝聚力越强的宗教。犹太教正是在放逐巴比伦期间定型的，犹太先知们为防止民族解体制定的教规律法只有在危难关头才能迅速渗入信徒们的心灵深处。因此，后来不论是受到宗教迫害还是外族的镇压，都丝毫没有动摇他们坚定的意志和信仰。

但是有人对此提出反对意见，他们认为在欧洲有一部分犹太人由于宗教压力而被迫改变了宗教信仰。所以，环境宽严与犹太教的兴衰及凝聚力的强弱究竟呈什么关系，一时还难以说清。

还有人认为是犹太教士的灌输教育起到了很大的作用。在犹太人被流放期间，犹太教士建立了很多教堂，教士们对犹太人进行精神指导，并且制定了戒律来控制犹太人的生活方式，如不遵从就会受到惩罚。但是这种清规戒律是有史以来许多宗教的共同特征。

那么，犹太教显示出来的强大凝聚力的奥秘究竟在哪里呢？这个问题一直成为人们深感迷惑、争论不休的话题。

・知识链接・

犹太教：

犹太教（Judaism）是世界三大一神信仰中，最早而且最古老的宗教，也是犹太民族的生活方式及信仰。犹太教的主要诫命与教义，来自托拉（托辣），即圣经的前五卷书。托拉，英文"Torah"。托拉广义上指上帝启示给以色列人的真义，亦指上帝启示给人类教导与指引。狭义上指《旧约》的首五卷（犹太人不称旧约），又称律法书或《摩西五经》即《创世纪》《出埃及记》《利未记》《民数记》和《申命记》。

☆ 犹太人的大卫王之星

萨满巫师为什么会改变性别？

历史上第一位魔法师很可能是一个萨满巫师，或者是部落的术士、巫医。他是与神灵沟通的媒介，可以神游神灵世界。然而，这个神奇的群体居然有改变性别的习惯，他们为什么要这样做呢？

萨满教起源于亚洲的北部、西伯利亚和爱斯基摩地区，是一种原始宗教。萨满教巫师们通常都手拿一根木杖或木棒，身穿由动物皮毛或是鸟类羽毛制成的长袍。那些带有明显游牧民族色彩的萨满巫师也通过祈求神灵来聚集动物，为的是能够在部落捕猎时助一臂之力。在萨满教里有男萨满和女萨满，但是有趣的是男萨满和女萨满之间经常会发生性别转化。两性萨满的转化只是服饰上的转化，生理并不会有变化，因此，学者们称这种转化为"服饰转化"。

在性别转化中，女萨满转化成男萨满的例子非常罕见。近现代学者记载的女萨满转化为男萨满的例子很少，其中之一是：一个身为寡妇的女萨满，已有自己的子女。但是在获得"精灵"的指令后，她剃去了头发，穿上男装，嗓音也变得像男子一般深沉浑厚，并且在极短的时期内掌握了男子

从事的标枪投掷和步枪射击法。最后，她要求结婚，并且找到了一个年轻姑娘做她的"妻子"。

男萨满转化为女萨满则是十分普遍的。西伯利亚东北部的楚克奇人称这种变性人为"软男子"或者"类女

☆ 萨满祈神服饰道具

子"，意为转化成弱性者的男子。在楚克奇人中，这样的"变性"症状可归结为如下几个方面：

1. 生活习性的改变。"软男子"改变性别后，会扔掉刀枪长矛，不再做放牧驯鹿等力气活儿，而是兴致勃勃地拿起针线，专注于女人的活计，并且在做女工活时掌握得非常快，因为据说精灵们在暗中帮助他们。甚至他们原来粗犷、浑厚的声音也会变得柔和纤细起来。他们在体格上丧失男子的外表，在性格上则变得女性化。

2. 服装的改变，即按照精灵的指令，穿上妇女的衣服。

3. 萨满或者遵照萨满之命的病人，将其发辫装饰成妇女一般。

4. 在某些情况下，"软男子"甚至会觉得自己真的完全变成了女人。他会寻找一个情夫，乃至嫁人。"软男子"嫁人时婚礼按照正常的仪式举行，这对新的"夫妇"也会像其他配偶一样持久地结合。"丈夫"打猎捕鱼，"妻子"从事家务。据说，他们实际上只是"精神夫妻"，双方往往各自偷觅情人，并且生儿育女。而每个"软男子"都有一个专门的庇护精灵，这个庇护精灵通常扮演着超自然丈夫的角色，也就是"软男子"的"精灵丈夫"。"精灵丈夫"是该家庭中的真正首脑，它通过其变性"妻子"向人们发号施令。而"软男子"的人类"丈夫"则不折不扣地执行所有这些命令，因为他惧怕受到"精灵丈夫"的可怕惩罚。变性萨满通常在与他关系密切的亲戚——如堂、表弟兄等中选择其"丈夫"。有时候，一个没有变性的男萨满除了自己的人类妻子外，也会有个"精灵妻子"。

对于萨满会改变性别的行为，许多学者深表好奇，并且对这种现象进行了大量的研究。

有人认为这种性别转化的行为是一种教会习俗，由于最初女萨满的巫术远远高于男性萨满，而且女性萨满居多，所以后来，男性萨满为了体现自己巫术的高超，便逐渐地开始进行性别转化。但这种说法并不能用来解释女性萨满转变为男性萨满的原因，因此，这种说法不具有普遍性。

☆ 吉林市举行祭祀松花江活动

解不开的历史谜团 jiebukaidelishimituan

也有人认为这种性别的转化可能是为了达到阴阳结合，使巫术更加完善自然。

此外，还有人认为萨满变性极有可能是出于社会学方面的原因。萨满巫师们拥有至高无上的巫术，在其他人眼里他们具有超强的非自然能力，他们就是神灵的化身，他们有改变、创造一切的能力。

从社会角度来看，萨满既不完全属于男性群体，也不属于纯粹的女性群体，他们是介于二者之间的特殊群体，他们既可以享有男性的特权，同时也可以享有女性的特权。但是，萨满阶层与社会的其他成员间有着明显的界线。这条界线由许多禁忌构成，萨满巫师一旦违背这些禁忌，就不再成为一名萨满。例如，当女萨满在怀孕和坐月子期间，就又归属于普通的妇女社团。萨满阶层中的成员既不属于男性社会，也不属于女性社会，很有可能他们性别转化的最初动机是为了突出萨满阶层的独特性，以维持其优于普通男女社团的社会地位。然而，这种说法也仅仅是推测，并没有什么依据可循。

研究萨满性别转化让我们更加了解萨满教，但是其做法的真正原因，恐怕只有萨满巫师们自己才知道吧。

·知识链接·

萨满教的神灵观念：

萨满教常赋予火、山川、树木、日月星辰、雷电、云雾、冰雪、风雨、彩虹和某些动物以人格化的想象和神秘化的灵性，视为主宰自然和人间的神灵。特别是由祖先亡灵所形成的鬼神观念以及人间的各种疾病与死亡造成的恐惧，是萨满教神灵观念的核心。萨满教认为各种神灵同人类一样有意志、愿望和情欲，更有善恶之分，不能违拗、触犯。各类神灵具有不同的属性和功能，各主其事，各行一方，地位大体平等，极少统属，绝大多数尚无等级差别，也没有主宰一切的上帝。但在进入封建社会的蒙古、满和达斡尔等族的萨满教中，出现了天神（腾格里）的观念，渐次升至高于诸神的位置。

阿兹特克人为何用上万名活人做祭品?

物质与精神严重失衡的世界是一个非常可怕的世界。人,尤其是社会下层的人,似乎是为着鬼神而活着,或者以毕生的精力和智慧为鬼神打造祭器,或者随时把生命和鲜血变作祭坛上的供品。人祭(用活人做祭品)、人殉(用活人殉葬)的盛行,表明人没有自身的价值可言,也表明了当时那个时代人类的野蛮与愚昧。

古人相信宇宙的一切都由神来掌控。因此人们通过祭神的活动来祈求神灵赐福。每当祭神的时候,人们拿出贵重物品作为贡物,有的地方甚至用人的生命做贡品,以表示虔诚。

1519年,西班牙将领高戴斯带着他的队伍远征墨西哥,在队伍中有一位文武全才的人,叫迪亚斯。他既能领兵作战,也能执笔记录远征队伍的战绩及见闻。在他的战争记录中记录着:当他踏进阿兹特克印第安人首都(即今天墨西哥城所在地)泰诺赤提特兰城中休齐洛波特里神庙时,他发现这个神庙是一座典型的屠宰场,神庙内的墙壁一片黝黑,尽是凝结的人血。迪亚斯目睹三个刚宰杀的"祭品"躺在那里,站在旁边的祭司手中的石刀子还滴着鲜血。当他嗅到里面

的恶臭,并看到眼前的一切时,即使已惯见战争的恐怖场面和西班牙宗教裁判所的残酷行为,他也仍不禁立即

☆ 古代宗教中印第安人形象

解不开的历史谜团 jiebukaidelishimítuan

退避。

西班牙征服者也揭露了印第安人的一种宗教，那宗教需要宰杀很多人献祭。休齐洛波特里神庙于1487年扩建后，举行了五天的奉献仪式，其间就杀了数千人献祭，一年中杀人之多可见一斑。当时的记载十分清楚确实，征服者被眼前的景象震慑得目瞪口呆。那五天的仪式中宰杀的人数，各有不同估计，有些人估计高达8万人，但专家最近计算出那五天内宰杀的人至少有14000名。

美国加州大学人口统计学家库克，根据史料进行分析后得出结论：在西班牙人到达前的100年间，墨西哥境内所有阿兹特克神庙中宰杀的人平均每年1.5万名，其中很多是战俘。这项估计可能很保守，库克的同事博拉认为，每年在祭坛上献做祭品的人，数目可能达2.5万名，即每年牺牲总人口的五分之一。

阿兹特克人的图画显示，其杀人行为是每日的必行之事，人的心脏是奉献给太阳神的，尸身则抛弃在金字塔形庙宇的陡峭阶梯上，头颅则割下来陈列在庙宇附近的颅架上。

那么，阿兹特克人残杀那么多同胞的目的究竟是什么呢？历史学家和人类学家最近几十年的研究大致认为：这样大规模的残忍杀戮纯为宗教方面的需要。阿兹特克人一直以来奉

☆ 部分阿兹特克人的岩画

行的信念是：每天夕阳西下，太阳神便死亡，要确保太阳翌晨再升起来照耀世界，必须以人血做祭。其他神祇也有共通的嗜血特性，因此杀人献祭几乎无日不做。

现代有人对杀人献祭风俗的成因提出不同看法。1946年，库克发表有关15世纪时期，中美洲人口的研究报告指出：由于阿兹特克人人口增加的速度比粮食增产更快，所以杀人献祭可能是间接控制人口的一种方式。但很多人类学家对这种说法持有疑虑。

后来到1970年，在社会研究新学院工作的哈纳根据西班牙征服者的叙述以及根据德萨哈根神甫的著作进行的研究，又提出一项惊人的新说法。

他认为，阿兹特克人杀人祭神后还把尸身吃掉。德萨哈根神甫在阿兹特克帝国崩溃后不久又抵达了墨西哥，他根据阿兹特克人口述的资料记下当地的风土人情及生活习惯。这些记录中有很多地方提到食人风俗，吃俘虏的肉尤其普遍。但不同性别的俘虏命运有别。

女性孕妇俘虏从来不用作献祭和充当食物，只用做奴隶。而且儿童及病变患者的肉也是禁食的。由于认为吃了别人的肉会获得受害者若干有利的特性，这是食人肉社会特有的一种普遍信念，因此战士只喜欢吃其他骁勇善战的人的肉，以增强自己的战斗能力。

但是，对于阿兹特克人杀人做祭品的血腥行为研究至此，我们得到的答案仍然莫衷一是，因此8万活人作祭品还是一个未解之谜。

·知识链接·

阿兹特克文明：

阿兹特克人原属纳瓦语（Nahuatl）系发展水平较低的一个部落，后来因吸收、融合这个地区其他印第安优秀文化传统而迅速崛起。公元11—12世纪间，从北部迁入墨西哥中央谷地，1325年在特斯科科（Texcoco）湖西部岛上建造特诺奇蒂特兰（Tenochtitlán）

城。1426年，阿兹特克同特斯科科、特拉科潘结成了"阿兹特克联盟"，由阿兹特克国王伊兹科亚特尔（Itzcóatl）任首领，势力日盛，在谷地建立了霸主地位。继承人蒙特祖马一世（Moctezumal）及其后的国王不断对外用兵，开疆拓土，至16世纪初，其疆域东西两面已抵墨西哥湾和太平洋沿岸，北与契契梅克为邻，南至今日之危地马拉，人口约300万，发展到极盛时期。1519年，西班牙殖民者埃尔南·科尔特斯（HernánCortés）利用印第安人内部矛盾，进攻阿兹特克国，蒙特苏马二世（Moctezumall）在入侵者面前动摇不定，最后成为西班牙殖民者的傀儡。1520年6月向人民劝降时被群众击伤而死。科尔特斯在所谓"悲惨之夜"侥幸逃命后，又于1521年卷土重来，阿兹特克人在新国王夸乌特莫克（Cuauhtémoc）率领下，与围城的西班牙殖民者展开殊死搏斗，最后由于粮食和水源断绝，加之天花肆虐而失败。1521年8月，西班牙人占领特诺奇蒂特兰，在城中大肆屠杀，并将该城彻底毁坏，后在其废墟上建立墨西哥城。

阿兹特克文明在发展过程中，吸收了托尔特克文化和玛雅文明的许多成就，但自己也有独创。其文字仍属图画文字，但已含有象形文字成分。天文历法方面，使用太阳历与圣年历，已知一年为365天，每逢闰年补加一天。医学方面，知道利用各种草药治病，并已使用土法麻醉。阿兹特克人的陶器和绘画均极精致，建筑和艺术也达到相当高的水平。首都特诺奇蒂特兰的公共建筑物多以白石砌成，十分宏丽壮观。一般房屋的周围，在固定在水面的木排上种植花草，形成

☆ 现代宗教中印第安人形象

水上田园。城中心的主庙基部长100米、宽90米，四周有雉堞围墙环绕，塔顶建有供奉主神威济洛波特利和雨神特拉洛克的神殿，其祭坛周围有蛇头石雕，坛下发现的重达10吨的大石上，刻有被肢解的月亮女神图案，1790年在墨西哥城中心广场发现的"第五太阳石"直径近4米，重约120吨，刻有阿兹特克宗教传说中创世以来四个时代的图像，代表了阿兹特克人石雕艺术的高度水平。阿兹特克人是优秀的建筑师。首府特诺奇蒂特兰是一座岛城，有3条宽达10米的石堤与湖外陆地相通，石堤每隔一定距离就留一横渠，渠上架设吊桥，可随时收放，以防外敌入侵。城内建有宫殿、神庙、官邸、学校，建筑宏伟，最大一座金字塔台庙其规模甚至可与古埃及的媲美。为了满足城市稠密人口对粮食的需要，在湖泊中建造了独特的"水上园地"，以扩大种植面积。岛城四面环水，市内河道纵横，景色富丽，殖民者为之倾倒，惊呼为"世界花园"。但科尔特斯把这座城市烧成了废墟，后来的墨西哥城就建在这一废墟上。阿兹特克人主要生产工具仍为石器，多由黑曜岩制成，但已会制造铜、金物品。有精确历法，会使用各种草药治病，在音乐、舞蹈、绘画方面也有一定的水平。

第二章
追本溯源

　　人类社会的历史是由一个个事件串成的。任何历史事件的发生都有其原因，有其结果。所以，在漫漫的人类历史长河里，对主要历史事件追本溯源也成为我们研究世界历史的必要元素。

　　但由于后人认知的局限以及考古史料的缺乏，对于很多事件我们现在也无法弄清；至于以后能否找到答案，就看我们还能寻找到多少考古证据。

班图人起源于何处?

班图人是赤道非洲和南部非洲国家的主要居民,是非洲最大的人种集团,几乎占全非洲人口的三分之一,但是目前史学家们正展开一场班图人起源于何处的探讨。

从公元1世纪开始到15世纪,班图人开始从赤道附近向南部非洲扩展,足迹遍布撒哈拉在内的非洲大陆,历史上称这次扩展为"班图人迁徙"。这次大迁徙分为三路,即东、南、西三路,并且这次迁徙使班图人自身的人口增值,使农业逐渐遍及到其他地区,畜牧业逐渐成为主要生计来源,原始氏族部落逐渐开始瓦解,最初的国家逐渐开始建立,由此,使非洲民族的格局极端复杂化。那么,最初的班图人到底来源于哪里呢?

对于班图人的起源地,许多史学家们纷纷进行研究,结果对此问题各持己见。

首先格里斯认为,班图人起源于扎伊尔森林以南大草原地区。格里斯是一位从事班图语的专家,他曾经对350种班图语和方言进行过深入的研究,在研究中,他把一些互不相同语言中的同源词汇中的词根分离出来,得到2004个词根,结果通过对这些词根进行对比发现,有23%的词根是在整个班图语区通用的,而61%只在特定的语言区使用。这样格里斯把这些词根制成索引,结果发现位于赞比亚和扎伊尔两河之间的分水岭地带的扎伊尔森林以南大草原上一个地区,有超过50%的班图语保持率。由此,格里斯认为,班图人正是由这个区域开始向四处扩散的。

此外,格里斯还从班图人的方言即东班图语和西班图语出发展开研究,结果发现二者之间存在60%的同源词,通过对这些同源词的研究,格里斯发现一些有关的地理秘密:在这些同源词中有很多是关于动物的词,而与植物相关的词却很少见。通过出现的这些动植物的同源词,格里斯分析,说这些语言的班图人居住的地区其地理环境是处于森林或其边缘地带。并且那里气候湿润,水资源丰富。就此格里斯认为，原始班图人有可能生活在扎伊尔森林的南边，但是，语言只是原始班图语的遥远后代，而不是它的祖先。

另外，H·格林伯格认为班图人来源于尼日利亚和喀麦隆交界处。早在1889年，迈因霍夫就认为班图语和西非诸语有某种联系，然而，各种班图语之间的差异远远不及西非各种语言之间的差异那样大。H·格林伯格从非洲语言中挑选出了800种语言进行研究，在这些语言中，他发现西非语比日耳曼语更加接近班图语，有42%的班图语目前仍然存在于最接近的西非语中。由此，H·格林伯格班图语的发源地在尼日利亚和喀麦隆交界处的推论，也受到其他学者的认可和支持。

此外，近年来研究的新动向和新成果主要有如下几点：第一，班图人的扩张首先是在森林带的西北部，然后扩展到东北部和西南部。第二，班图母语应是一群而不是一个村社共同体语言。而这些共同体的文化特征可能相异，社会组织亦不尽相同。第三，班图母语的起源地也不确切，几种语言和村社散布在贝努埃河、克罗斯河和萨纳加河之间。第四，班图母语的存在时期尚未确定，约为谷牧物农业出现和铁器文化出现之间。

综上所述，似乎我们得到的观点越来越逼近其真实性了，但是，班图人究竟是起源于何处还仍然留有悬念，还需要史学家们继续努力寻求史料来进一步证明。

·知识链接·

班图的种族制度：

班图人实行一夫多妻制。部分地区男子行割礼，少数地区存在年龄结群制度。东非和南非的一些畜牧民族喜饮鲜牛血，不吃鱼。班图人各支的社会构成情况不同，刚果班图人、中央班里人和东北班里人中有母系氏族存在，其他各支则按父系续谱和继承财产。自然崇拜和祖先崇拜在班图人中广泛流行，赤道东部沿海地区的各族信奉伊斯兰教，其他地区部分人信奉基督教。圆柱形的茅屋和蜂巢式的泥屋是班图人典型的居住形式。

匈牙利人起源于匈奴吗？

公元4世纪时，一支强悍的民族在欧洲东部崛起；到9世纪时，已在多瑙河边形成了今天匈牙利人的祖先。在民间流传着匈牙利人是由生活在古代中国的匈奴人迁徙过去的。那么，这种说法是真的吗？

众所周知，原先匈奴人出现在中国的战国时期，在西汉前期匈奴人逐渐发展到了强盛时期，之后被中国北方的鲜卑族逐步征服，亦先后几次被汉朝打败，再后来，匈奴人便逐渐消失在中国的北方。而就在这个时期，匈牙利人开始出现在欧洲大陆上。那么，匈奴人的消失和匈牙利人的出现是偶然的吗？那些消失的匈奴人是否真的后来迁徙到了欧洲定居，然后自称匈牙利人呢？

其实早在中世纪时期，卢白鲁克在《东行记》一书中指出："扎格克河（今乌拉尔河）发源于北方巴斯喀梯尔国，古代匈奴人即来自此国，后变为匈牙利人也。巴斯喀梯尔族语言与匈牙利人相同，其国又名匈牙利也。"15世纪约翰德杜兹洛撰写的历代匈牙利国王的历史著作和安东尼本菲尼尤斯写的匈牙利史，认为匈牙利人是匈人的后裔；匈牙利起源于匈人的见解在18世纪十分流行，许多研究者由此进而猜想匈牙利人是匈奴人的后代。许多记载都可以证明匈牙利人与匈奴人之间有着非常密切的关系。

在西方学者的眼里，他们认为"匈人即匈奴"，因为匈人首领阿提拉建立的匈奴王国灭亡后，他的儿子又在多瑙河平原上开辟了一块新的领地，于是，匈牙利王国便矗立在了欧洲大陆上。

中国学者章太炎也在清末的时候就开始探寻匈牙利人与匈奴人之间的关系。章太炎曾经也明确表示现在的匈牙利人就是古代匈奴人的后代。这一点在他所著的《匈奴始迁欧洲考》中可以证实。《匈奴始迁欧洲考》中写道："今之匈牙利即匈奴意转。尚考匈奴西迁在后汉永元之世……一出乌孙，一趣大秦，趣大秦者所谓匈牙利矣。"

在20世纪30年代，我国学者何震亚也对匈牙利人与匈奴人之间的关系做过细致的研究。他分别从二者的语言、历史、民俗、名称、种族形貌方面进行了研究，结果发现二者之间的确有很多相似性：

第一，在语言方面，据说匈奴人称父为阿爸，匈牙利人则称作阿帕；匈奴人称母为唉起，匈牙利人则称作安加；匈奴称子为歌给，匈牙利人则唤作歌克；匈奴称女为吾希，匈牙利谓之无等等。当然，也有反对的说法。

第二，从历史方面看，认为匈牙利人的祖先是铁勒部中的一支。其史料出自《隋书四夷传》中的记载："铁勒之先，匈奴之苗裔也。种类甚多……拂林东则有恩屈、阿兰、北褥、伏温、昏等，近两万人。"至于究竟是铁勒部中哪一支成为匈牙利人的祖先，在中国学者中存在着多种不同的见解。有的则认为铁勒部中的"昏"建立了匈牙利王国，有的认为匈奴苗裔铁勒部中的"北褥"一支是匈牙利人的祖先。此外，也有的学者还认为"恩屈"是原始的匈牙利人。

第三，在风俗方面，匈牙利在帝国时期也曾有拜日、拜月的习俗，而匈奴皇帝每天朝拜太阳，晚拜月亮；匈牙利人面向北坐为尊，以左为上，这与匈奴相同；匈牙利人脱帽致谢也

☆ 匈牙利风光

和匈奴谢罪时要脱帽相同。

第四，从二者的名称方面来分析，匈牙利的匈为种族名，牙利为地，匈牙利即匈人之地；中国称匈奴始于公元前3世纪，奴字是后加词，是中原人对本国边疆民族的贱称，故匈奴去"奴"字，匈牙利去"牙利"二字，二者名称完全相符。

第五，在种族形貌方面，二者在相貌方面非常相似。匈奴人的形貌在上古时表现为肤白、高鼻、多须，到中古时则变成低鼻宽额、头圆而肤呈黄色了，而这是匈奴人与汉族通婚造成混血的结果。匈牙利民族是匈奴后裔，但是其形貌已不像匈奴人，这是因为上古时匈奴人与高加索人通婚最早，足以证匈牙利的匈奴种族就是中古时与汉族混杂的华北匈奴，事实上已是与汉人有共同血缘亲戚关系的民族，这与西方学者的推测有所不同。

持匈牙利人是匈奴后代之说的中国学者，都认为匈牙利人并非阿提拉率领的那批匈人后裔，而是原先居住在中亚某地匈奴人住地再次迁徙到欧洲的那批匈奴人。

当然，以上这些推论还存在一定的疑问，有关学者持有反对观点。据匈牙利和其他西方国家的有关史书叙述，现今匈牙利的主体民族和基本居民是匈牙利人，他们自称是马扎尔人，这占了全国人口的98%。此外，玛恩辰·法洛芬在《匈人的世界》一书中引用考古发掘状况的内容指出，考古学家虽然长期在匈牙利进行发掘，但并没有发现过一个确定无疑的匈人头盖骨。

由此，对于匈牙利人是否是中国的匈奴人迁徙到欧洲大陆的研究又陷入了尴尬的境地，因此，匈牙利人与匈奴人之间的关系就成为一个未解的谜团。

地利哈布斯堡家族的强大日耳曼化的影响。匈牙利在1867年自治，1918年独立。在那些年代中，他们保持了原有艺术、音乐和文学，而刺绣及陶器之类的民间艺术，至今仍很重要。匈牙利从第二次世界大战以来，没有公布关于宗教信仰的统计数字。但战前约有65%是天主教徒，25%是基督教新教徒。

☆ 匈牙利古老的建筑

·知识链接·

匈牙利人：

匈牙利人处在斯拉夫人、日耳曼人和罗马尼亚人的不同种族包围中，在体质类型和文化影响方面，不断发生混合现象。有两个主要影响：一是16和17世纪时，征服和占据此国的土耳其人的影响；一是继之而来的，奥

美洲印第安人的祖先是谁?

印第安人是一个充满神秘色彩的民族，在今天仍然固守着近乎原始的生活方式，过着简朴单调的生活。但是近年来对于印第安人的起源的研究引起了人们的很大争议。

美洲印第安人又称美洲原住居民，是除爱斯基摩人以外的所有美洲土著居民的总称。在1492年，意大利航海家哥伦布航行至美洲时，误以为所到之处就是印度，因此将这个地方的土著居民称作印第安人，以后虽然发现他的错误，但习惯称法已经普及了，所以英语和其他欧洲语言中称印第安人为"西"印度人，在必要时，为了区别，称真正的印度人为"东"印度人。那么这些强悍的土著居民究竟最初生活在世界的哪个角落？是土生土长的还是从其他大陆迁徙而来的呢？

对于美洲印第安人的祖先的说法中有很多种。

在早期的时候，进入美洲大陆传送"福音"的一位西班牙神父认为，在公元前7世纪时原先居住在巴勒斯坦北部的希伯来人部落，因战祸来到美洲避难而定居下来，于是成为美洲人的真正祖先；还有人认为大西洋中曾经有过一个亚特兰蒂斯岛，在一场地震后遭到灭顶之灾，岛上居民纷纷逃离，其中一部分人来到美洲，成为印第安人的祖先；16世纪中叶出版的《多种语言圣经》一书，还指出美洲土著居民的祖先是圣经人物诺亚的儿子史姆。

到了近代，随着考古学的不断发展以及人类探索事业的不断延伸，迁徙说成为研究美洲印第安人的主要论据。

一是"非洲移民说"。持这种观点的人认为非洲黑人，特别是努比亚人、马里人，都有可能横渡大西洋到达美洲。

二是"欧洲移民说"。同意这种观点的人认为欧洲人是通过横渡大西洋到达美洲的，也有人认为，印第安人的祖先是从欧洲大陆向北经冰岛和格陵兰岛进入美洲的。

三是"白令海峡说"。该观点的

解不开的历史谜团

jiebukaidelishimituan

支持者认为是在4万年和1.8万年前，蒙古人种的亚洲人通过白令海峡结冰的"走廊"，从阿拉斯加进入美洲大陆的。

我国学者在"白令海峡说"的基础上还提出了引人注目的"华北人说"。此说指出，1972年至1974年，在我国河北阳原县虎头梁村附近的地层中挖掘到200多件楔状石核，经考证与北美阿克马克印第安遗址中发现的楔

☆ 印第安人

状石核相似。因而有理由相信，美洲印第安人的祖先，很可能是我国华北的古代猎人经由戈壁沙漠、我国东北地区和西伯利亚、白令海峡而进入美洲的。

四是"南太平洋岛屿说"。此说认为亚洲人经过南太平洋的岛屿，逐步移入美洲。此外，也有人认为印第安人的祖先是生活在太平洋群岛上的波利尼西亚人，他们是通过南太平洋岛屿进入美洲的。

他们提出南美洲印第安人在种族特征上与亚洲蒙古人种之间存在着一些差异，就是受了大洋洲人的影响。一些地区出土的古人类化石在特征上的共同点表现为：身材短矮、下巴突出、脑壳后伸和眉弓突出等。此外，在最早的印第安人语言中，也存在着数百个被认为来自大洋洲的词语。

五是"南北极说"。持这种观点的人认为美洲印第安人的祖先来自南北极，指出地球在形成以后，南北两极最先开始冷却；因此，那里是最早具备了生态条件的地方，能够生长动植物乃至养育人类。

以上各种说法均属于"迁徙说"，史学家们都有各自的见解，而且都不尽相同。相信，随着人类考古学的不断发展，还会出现不同的说法，但无论何种说法都不能确切地解答美洲印第安人祖先究竟是谁的问题，

因此，美洲印第安人的祖先是谁仍然是个谜。

·知识链接·

美洲印第安人：

西南部印第安人(SouthwestIndian)又叫美洲印第安人，指居住在现今美国西南部和墨西哥西北部的土著居民。在美国境内的西南部印第安人主要居住在科罗拉多州南部、犹他州、亚利桑那州和新墨西哥州的大部分地区。

虽然西南部印第安人在文化上及语言上差别很大，他们大致可以分成四部分

一、尤马诸部落，包括尤马人(Yuma)、莫哈维人(Mohave)、哈瓦苏帕人(Havasupai)、瓦拉帕人(Hualapai)、科科帕人(Cocopa)、马里科帕人(Maricopa)、亚瓦帕人(Yavapai)。

二、皮马人(Pima)和帕帕戈人(Papago)。

三、普韦布洛印第安人，包括霍皮人(Hopi)、哈诺人(Hano)、祖尼人(Zuni)、阿科马人(Acoma)、拉古纳人(Laguna)、黑米斯人(Jemez)、圣安纳人(SantaAna)、基亚人(Zia)、科奇蒂人(Cochiti)、圣多明各人(SantoDomingo)、圣费利佩人(SanFelipe)、圣胡安人(SanJuan)、圣克拉拉人(SantaClara)、圣伊尔德丰索人(SanIldefonso)、南贝人(Nambe)、特苏克人(Tesuque)、陶斯人(Taos)、皮库里斯人(Picuris)、伊兹雷达人(Isleta)、桑迪亚人(Sandia)。

四、纳瓦霍人和阿帕切人。

☆ 土著印第安人

解不开的历史谜团

jiebukaidelishimituan

复活节岛上的最早居民是谁？

　　复活节岛孤零零地漂在东南太平洋上，现在已引起世界上许多人对它的兴趣和关注。从发现这个小岛起，许多问题便成了人们议论、关心的话题，但又是解不开的谜，科学家们对它进行了长期的研究，都得不出一个科学的、一致的解释。因此，复活节岛被称为"神秘之岛"，关于它的许多疑问，又被世人说成是"复活节岛之谜"。复活节岛上最早的居民是谁，就是其中一个最大的谜。

　　在1686年，英国航海家爱德华·戴维斯第一次登上这个小岛，发现这里一片荒凉，但有许多巨大的石像竖在那里。戴维斯感到十分惊奇，于是他把这个岛称为"悲惨与奇怪的土地"。1722年4月5日，荷兰海军上将雅各布·罗格文航行经过这里再次发现了这个岛，因为那天是耶稣复活

☆ 复活节岛

节，于是将其命名为"复活节岛"，这个小岛的名称就这样沿用了下来。从此，这里就不断有来访者造访，复活节岛上的秘密也就不断引起人们的关注，并且吸引着更多的史学家以及考古学家们的目光，他们纷至沓来。由此，复活节岛也便在世界闻名遐迩。

复活节岛上有许多难解的谜团，如复活节岛上最早的居民是谁，便是其中之一。

对于复活节岛上的最早居民是谁的问题，各国史学家们经过大量研究，提出了各自不同的见解。

首先，是以挪威科学家、世界著名人类学家图尔·海尔达尔为代表的南美人之说。在二战结束不久，海尔达尔为了证明他的观点，特意做实验进行验证：仿照古印第安人的木筏自制了一个名为"太阳神号"的木筏，从秘鲁利马附近的卡亚俄港出发，经过4000多海里的顺利航行之后，到达了波利尼西亚群岛中的腊罗亚岛。由此证明在古代，印加人乘坐的原始的简易木筏，完全可以漂渡到太平洋中的任何岛屿。他还认为以秘鲁、玻利维亚交界的蒂亚瓦纳科作出发点，经陆路到太平洋沿岸，然后借助顺风，由此安全地到达复活节岛是完全可能的。之后，1955年海尔达尔又在复活节岛上发现了许多与印加蒂亚瓦纳科

文化相同的古文物，如具有典型印加文化特征的双膝跪地、双手抚膝的虔诚石像，石砌墙垣建筑，悬崖峭壁上刻有月牙形船的壁画，双手安放在腹部、围着腰带的石像……于是，海尔达尔喜出望外，他认为复活节岛上的最早居民就是南美印加时代的印第安人。

其次，一部分人持有波利尼西亚人说。这种观点的支持者中有一部分人认为，太平洋四周的波利尼西亚群岛原本是整块大陆，那里曾经有过非常发达的文明，但是由于地壳变动，大陆发生了一些变化，于是就产生了复活节岛这座孤零零的小岛，而在复活节岛上的波利尼西亚人便是这里受到上天眷顾的幸存者。支持这一观点的另一部分人认为，大约在公元8－9世纪，太平洋上马克萨斯群岛的波利尼西亚人历经艰辛，带着石刻文化和波利尼西亚语言漂洋过海来到此荒岛。之后，波利尼西亚语言就一直沿用到今。

另外，还有人依据岛上居民的生活习俗、宗教信仰与西南太平洋上美拉尼西亚群岛居民的习俗、信仰极为相似等方面提出了美拉尼西亚人说。复活节岛举行宗教仪式时，司仪须将头发剃去并把光头染红，这与所罗门岛的习俗一致，而且两者都有用垂吊耳环将耳朵拉长的习俗。并且从考古

解不开的历史谜团 jiebukaidelishimituan

发现，复活节岛人的宗教信仰主要以人鸟崇拜为主。1915年人们在岛的祭祀中心，西南角一个古老而神秘的奥龙戈村落里发现了100多幅手握海燕蛋的人鸟像，这些人鸟像与美拉尼西亚群岛的所罗门岛屿上发现的人鸟像几乎没有区别。据此，这些学者认为复活节岛上的最早居民是从西南太平洋美拉尼西亚群岛上迁徙过来的。

此外，就是西方白人说。在早期，一些登陆的探险家、航海家们所看到的复活节岛上的居民都是白皮肤，就此，他们推断复活节岛上最早的居民就是西方白人。甚至认为岛上的象形文字以及高大石像也都是由古代埃及人和腓尼基人带到岛上的。但是，这种观点马上受到了质疑，理由是：虽然同是象形文字，但二者的符号形状都各不相同；古埃及人和腓尼基人的主要航海活动范围是在地中海，即使驶出直布罗陀海峡，也从没有进入太平洋水域的；埋葬尸体的方式也有所不同，前者是将尸体埋在巨石平台下，后者则葬在方锥形的金字塔里。这些又作何解释？

综上所述，复活节岛上的最早居民到底是谁的答案莫衷一是，期待考古学家和史学家们对此做进一步的研究，解开复活节岛上的谜团。

·知识链接·

复活节岛：

复活节岛位于东南太平洋上，在南纬27°和西经109°交会点附近，面积约117平方千米，现属智利共和国的瓦尔帕莱索地区。它离南美大陆智利约3000千米，离太平洋上其他岛屿距离也很远，所以它是东南太平洋上一个孤零零的小岛。复活节岛是世界上最与世隔绝的岛屿之一，离其最近有人定居的皮特开恩群岛也有2075千米距离。该岛形状近似呈一三角形，由三座火山组成。

俄罗斯人和东斯拉夫人是什么关系？

俄罗斯人和东斯拉夫人都是地球广袤大地的"儿子"，但是，自古以来，人们就对二者之间的关系很模糊，究竟二者之间是什么关系呢？这个问题引来了许多史学家和民族学家的关注。

对于俄罗斯人和东斯拉夫人之间的关系，一直以来人们感到非常不解，就连许多学者对二者之间的关系也是存在着不同的观点，因此对此存在着不少的争议。俄罗斯人主要居住在东欧俄罗斯平原，分为大俄罗斯人、小俄罗斯人（即乌克兰人）和白俄罗斯人。"俄罗斯"一词既是一个民族概念，又是一个地理概念，在古代，它还常常和"罗斯"一词通用。

针对二者之间的关系，目前有两种观点：

有一部分史学家认为，俄罗斯人的祖先是东斯拉夫人的一支，所以俄罗斯人在民族感情上，就与南斯拉夫人特别亲近。现在的俄罗斯人就是古俄罗斯人征服了北欧人后并与其他民族融合而成的。古俄罗斯人的祖先原本栖息在喀尔阡山区域，后来一直向东前进，之后选择了水土肥沃的地方定居下来，由于不同种族间的通婚融合，古俄罗斯人便在北部和南部分别与芬兰人以及土耳其人的血统相混合。

在十三四世纪，"罗斯"一词才进入斯堪的纳维亚语言中，最初"罗斯"一词是用来指古代斯拉夫人的居住地。随着东斯拉夫人的不断对外扩张，"罗斯"作为一个地理名词所指的地域也不断扩大。它大概由罗斯河及其支流罗萨瓦尔河一带的地方而扩及第聂伯河中游一带的地方，再进而扩大到从多瑙河流域到奥卡河和白湖一带，从涅瓦河到第涅伯河下游地区直至赤海湾一带；以至于自东方的乌拉尔山脉到西方的喀尔巴阡山脉，自北方之北冰洋到南方之黑海的广大地区。后来，罗斯一词就逐渐演化作为一个民族概念，就是指居住在罗斯地区的东斯拉夫人。

另一部分史学家提出了新的观点。他们认为古罗斯人是古维京人的一个分支，现在的俄罗斯人是古罗斯人对东斯拉夫人征服并与之长期融合而形成的一个民族。在罗马帝国时期，在波罗的海和丹麦居住的维京人受到了罗马帝国文化的影响，制造了船只，于是他们沿着俄罗斯各河流来到了现在的俄罗斯所在地。于是各国人们多给这些维京人起了新的名字：阿拉伯人称他们为俄罗斯人、希腊人称他们为瓦兰吉亚人；东斯拉夫人既称他们为罗斯人，又称他们为瓦兰吉亚人。在公元850年左右，瓦兰吉亚人中有一名叫留里克的大将率领军队战胜了诺夫哥罗德，之后在当地自立为王，建立了诺夫哥罗德小公国。随后，他的继承人奥列格率兵南下征服了斯摩棱斯克，在公元882年建立了留里克王朝的基辅公国，这便为近代俄罗斯的形成奠定了基础。后来很长时期以来，居住在东欧平原的东斯拉夫

☆ 俄罗斯人

人被古罗斯人征服，之后两者经过长期融合，逐渐也被称为罗斯人或俄罗斯人，所有被罗斯人征服的地方也被称为罗斯或俄罗斯。

然而，到了18世纪末，俄国著名学者罗蒙诺索夫提出的观点又让人们大吃一惊。罗蒙诺索夫认为，留里克并不是瓦兰吉亚人。而且瓦兰吉亚人是非常落后的民族，建立一个国家对于他们来说根本就是难上加难。因此，罗蒙诺索夫认为古代罗斯国家的建立完全是东斯拉夫人社会发展的必然结果，而并非瓦兰吉亚人的功劳。

那么，俄罗斯人究竟和东斯拉夫人之间是什么关系呢？持以上两种观点的人争论不休，要想了解二者之间的关系，还有待于更加完整的史料来佐证。

·知识链接·

斯拉夫人：

斯拉夫人是欧洲各民族和语言集团中人数最多的一支。其分布范围主要在欧洲东部和东南部，少数居地则跨越亚洲北部，远达太平洋地区。语言属印欧语系。斯拉夫人可分为南斯拉夫人，西斯拉夫人及东斯拉夫人。其分布范围主要在欧洲东部和东南部，少数居地则跨越亚洲北部。

澳大利亚是谁首先发现的？

大约在5000万年前，澳大利亚跟南美洲一起从南极洲大陆分离出来，并逐渐向北漂移。而西边70千米宽的爱华莱士深海沟成为澳大利亚与东南亚相隔的天然障碍。再加上其他自然条件，致使澳大利亚在漫长的岁月里与其他大陆相隔绝，长期成为一块"未知大陆"。澳大利亚作为一个独立的洲存在于地球上，但是，是谁第一个发现了澳大利亚？许多史学家就此展开了深入的研究。

澳大利亚一词，原意是"南方大陆"。早在4万多年前，土著居民便生息繁衍于澳大利亚这块土地上。众所周知，航海家库克船长于1770年4月19日作为第一位英国人登上澳大利亚大陆的东海岸，考察了当地的地理、气候和动植物之后，将整个澳大利亚大陆的东海岸宣布为英国的领土，并命名为"新南威尔士"。

但是，第一个发现澳大利亚的人并不是库克船长，那么第一个发现者又是谁呢？

15世纪末，寻找西方通往东方的新航路的探险活动便开始了，这激起了欧洲人对早已传闻的"未知大陆"的种种美妙的幻想和占领的强烈欲望。荷兰自资产阶级革命取得胜利之后，海上势力大大增强，具有"海上马车夫"之称，触角伸向世界各地，

尤其在太平洋的势力迅速得以发展。1605年，荷兰航海家威廉·约翰逊从印尼爪哇岛的北部出发，沿着新几内亚南部海岸航行，横渡托雷斯海峡，在澳大利亚的卡奔塔利亚湾登陆。他发现该地的碎石中含有黄金，又看到当地土著使用的原始工具比较奇特，还发现了一种叫面包树的树，从而断定他及其随员已踏上了人们梦寐以求的南方陆地（即澳大利亚），他们将该地命名为"新荷兰"。威廉·约翰逊认为自己是历史上第一个发现澳大利亚的欧洲人。部分学者也认同了这一看法。

但是尽管如此，也有其他学者持不同意见。他们认为威廉当时只是到了澳大利亚海岸，实际上并没上岸。

于是，对于谁最早发现了澳大利亚的问题，科考学家们一直还在不停

☆ 库克船长画像

地探寻着。

在1970年，人们在澳大利亚新南威尔州西部的蒙戈湖的新发现，给人们研究澳大利亚的最早发现者提供了宝贵的资料。在该地区发现了3.5万－3.75万年前的人工搬运蛤蜊的遗址，更重要的是发现了3万年前的男女人骨。经过人类学家和考古学家对发现的动物化石、刮削器和石核等石器工具的分析，证明早在4万年前左右，人类就在蒙戈湖边生活过。这又把澳大利亚的最早发现者向前推进了一大步。

在此次发现的第六年，考古学家们在凯洛尔也发现了同样约在3.6万－4万年前生活的人种遗骨，并定名为凯

洛尔人，他们的特点是前额饱满和圆隆，眉脊不突出，颚和牙都较少。学者们一般认为凯洛尔人更像全新世时期印尼爪哇的瓦杰克人骨，即跟今天矮个子的小黑人相近。而学者们在澳大利亚的塔尔盖又发现另一种人骨，定名为塔尔盖人，他们具有大的下颚和宽大的脸，头盖顶骨厚而低，前额也较低平。这种人显然与凯洛尔人不同，但是跟属于蒙古人种的印尼梭罗人化石相同。

学者们通过努力研究，结果证明大约在四五万年前，从其他大陆进入澳大利亚的移民成为澳大利亚的最早居民。他们驾驶独木舟或浮水筏子，可能经两条路线迁入：一条从印度尼西亚群岛进入澳大利亚；另一条从菲律宾经过新几内亚，渡过托雷斯海峡进入澳大利亚。考古学家们研究发现第一条路线则更为可能。迁徙的有蒙古利亚人种和小黑人种，他们成为最早来到澳大利亚的发现者和居民。

此外，还有一些学者从有关的史料中研究发现，最晚在古希腊罗马时代，就已有人发现了澳大利亚。史料显示：在古希腊罗马时代，许多地理学家相信在印度洋以南的地方有一块南方大陆存在，他们在一些古地图上，用拉丁文把这块土地标为"未知的南方陆地"。澳大利亚之名后来即由此而得，意为"南方陆地"。由此

可见，古希腊罗马时代的人们能够绘制出这样的地图并非是凭空臆造的，但是究竟是靠什么方法绘制出来的？史学家们并没有相关的资料进行深入的研究。

近来，中国人先于欧洲人到达澳大利亚的说法打破了澳大利亚和美洲学者的一贯看法。早在14世纪时的元末明初之际，已有中国船队队员在澳大利亚的北海岸登陆，比荷兰人威廉·约翰逊早200年左右。澳大利亚达尔市出土的一尊中国玉雕——寿星像便可以作为最好的证明。寿星像是一位寿星公骑在一只鹿上，手捧寿桃，慈祥万端，造型栩栩如生。经有关专家断定，这是中国传统性的艺术品，制作于14世纪。

随着考古学以及人类学的进一步发展，对发现澳大利亚并入住于澳大利亚的第一人的研究必将会有更新的结果出现，相信解开澳大利亚第一发现者之谜指日可待。

·知识链接·

澳大利亚的国家管理：

澳大利亚名义上的国家元首是英王或者英女王，英王或女王任命总督为其代表，但澳大利亚总督实际上不干预政府的运作。澳大利亚政府为联邦制，有6个州及2个领地（北领地和首都领地），各州设有州长，负责州内事务。澳大利亚政府由众议院多数党或党派联盟组成，每届政府任期3年。内阁是政府的最高决策机关，现共有30名部长。国家最高的行政领导人是总理。

解不开的历史谜团

jiebukaidelishimituan

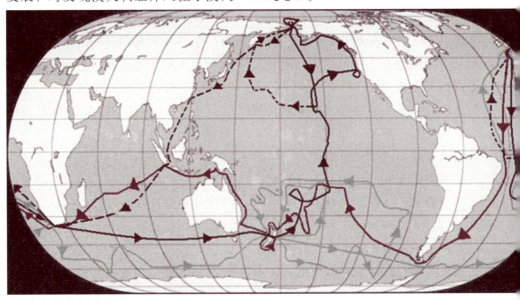

☆ 库克船长探险路线

新巴比伦王国修建过通天塔吗？

在新巴比伦王国时期，巴比伦也是古代两河流域地区最壮丽、最繁华的都城。巴比伦古城有内外两道城墙，城里最壮观的建筑物就是尼布甲尼撒王宫通天塔和著名的"空中花园"，以及那座据说让上帝感到又惊又怒的巴别通天塔。

在《圣经》中有这样一段描述：人类一直以来都是用一种语言来进行交流沟通的，直到有一天，诺亚的后人要建造一座巴比伦通天塔。然而上天的主宰神——耶和华得知这个消息后，害怕人类团结起来无比巨大的力量会动摇到他的神位，于是就想了个既不伤害人类，又能达到阻止人类继续修建通天塔的办法。他使用魔法变乱了人们的语言，这样人类就没法沟通了，通天塔的建造也不得不就此终止。后来有人把这座大塔称作巴别。"巴别"在希伯来文中是"变乱"的意思。其实"巴别"原字来自巴比伦文，意为"神之门"。

在《圣经》中关于通天塔的描述，史学家们持有不同的观点。

有的学者认为《圣经》中所说的通天塔实际上就是古代两河流域（即示拿）新巴比伦王国时代巴比伦城内的马都克神庙大寺塔，这座大寺塔被称为埃特曼安基，是由新巴比伦国王那波帕拉沙尔主张开始修建的，后来没有修完，那波帕拉沙尔就去世了，于是他的儿子尼布甲尼撒继续父亲遗留下来的工程，最终把塔建成。在修建时，尼布甲尼撒为了使塔与天公比高，因此要求把塔顶提升，共建造了7层，一共高98.33米。

经考古发现并证明，在苏美尔远古时期，这种多层方形寺塔的结构形式就已经出现。由于当时人们认为神会从天上利用星的飞行降到寺塔里，来会晤敬神者，因此当时这些塔是用来祭神、思索宇宙以及观察天象的地方。据公元前229年的一件史料记载，大塔地基约98.33米见方，这与《圣经》中所述的完全相同。而且在考古中所发现的塔的制造材料也同《圣经》中所说的一致。并且巴比伦城内居民种族众多、语言复杂的情况又与《圣经》里提到的耶和华打乱当时在修建的所有人的语言的情形相一致。此外，在公元前5世纪古希腊历史学家希罗多德所著的《历史》中也对这座高塔有过记载："在这个圣域的中央，有一个造得非常坚固，长宽各有一斯塔迪昂（古希腊长度单位，约合185米）的塔，塔上又有第二个塔，第二个塔上又有第三个塔，这样一直到第八个塔。人们必须循着像螺旋线那样绕过各塔的扶梯到塔顶的地方去。在最后一重塔上，有一座巨大的圣堂。"但是，唯一有出入的地方就是希罗多德所说的塔共有8层，史学家们对此作出解释，很有可能是当时希罗多德把最底层的塔基的高台也算在内。

但是，有学者对此种观点提出反对。他们认为《圣经》中所说的通天塔并不是新巴比伦时代马都克神庙大寺塔，因为早在新巴比伦时代以前，萨哥—埃尔神庙和米堤—犹拉哥神庙就已经存在了，通天塔的来源极有可能是人们根据这两座塔想象出来的。

此外，还有学者认为通天塔实际上就是位于巴比伦城东南约45米处的乌尔大寺塔。据传说，这座乌尔大寺塔是当年闪族人从乌尔迁到迦南时建造的。这些学者认为：在所有巴比伦的寺塔中，乌尔塔的工程最大，修建时间最早；在巴比伦城东南约45米处是造高塔的理想场地，这里是冲积地，从上游带来的淤泥提供了取之不尽的建筑原料；如果像《圣经》上传说的那样，闪族人曾有过从东方到西方的大迁徙，那可能就是指族长率领部落从乌尔迁到迦南。种种这些原因成为这些学者认为通天塔就是乌尔大寺塔的理由。

但是，学者们也众说纷纭，又有谁亲眼见过巴比伦通天塔的真正容貌呢？对于通天塔的修建时间谁又可以提供更加可靠的史料记载来说明呢？因此，通天塔是否存在成为了历史上的一个未解之谜。

·知识链接·

新巴比伦王国：

新巴比伦王国（迦勒底王国）公元前10世纪初，闪米特人的另一支迦勒底人来到两河流域南部定居。公元前630年，迦勒底人领袖那波帕拉萨趁当时统治两河流域的新亚述内乱之际，逐渐取得对巴比伦的控制。公元前626年自立为巴比伦王。后与米底结成联盟，在公元前612年攻陷尼尼微，灭亚述帝国。亚述帝国灭亡，遗产被新巴比伦王国及米底王国瓜分，其中新巴比伦王国分取了亚述帝国的西半壁河山，即两河流域南部、叙利亚、巴勒斯坦及腓尼基，重建新巴比伦王国（前626－前538），也叫迦勒底王国，后被波斯帝国吞并。

解不开的历史谜团
jiebukaidelishimituan

谁是真正的美洲大陆"发现者"？

克里斯托弗·哥伦布出生于意大利的热那亚，是最早"发现"了横渡大西洋航路的欧洲人，被认为是美洲大陆的"发现者"，也被认为是初步进行拓展殖民地的欧洲殖民者。但是，随着历史的不断发展与演变，克里斯托弗·哥伦布这位美洲第一位"发现者"的地位开始动摇了……

哥伦布是意大利航海家，一生从事航海活动。先后移居葡萄牙和西班牙。他相信大地球形说，认为从欧洲西航可达东方的印度和中国。在西班牙国王支持下，先后四次出海远航，1498年8月，哥伦布来到南美洲北部大河奥里诺科河的河口，无意中"发现"了美洲大陆。当时，哥伦布并没意识到他的发现有多么重要，直到后来，人们才意识到发现美洲大陆是一个了不起的成就。美洲大陆的发现，也使他成为名垂青史的航海家。他开辟了横渡大西洋到美洲的航路。先后到达巴哈马群岛、古巴、海地、多米尼加、特立尼达等岛。在帕里亚湾南岸首次登上美洲大陆。考察了中美洲洪都拉斯到达连湾2000多千米的海岸线；发现和利用了大西洋低纬度吹东风，较高纬度吹西风的风向变化。证明了大地球形说的正确性。促进了旧大陆与新大陆的联系。他误认为到达的新大陆是印度，并称当地人为印第安人。他被称为是美洲的第一个发现者。但是，目前对于到底是谁发现的美洲大陆，人们提出了不同的见解。

有人认为说哥伦布是"意大利航海者"，1451年生于热那亚，约1476

☆ 哥伦布画像

年前往葡萄牙，在里斯本和马德拉岛居住多年。他曾航行英国，相信地圆说，认为自欧洲的大西洋沿岸一直向西航行，可以到达东方。他在大西洋上做过多次航行，去过冰岛。

向日落之处航行的计划成了他一生的主要目标。他是一文不名的人，有些记载说他是个破产者，要掌握一条船的唯一方法是找到一个愿意把船委托他领航的人。他制定了一项航行计划呈给葡萄牙国王若奥二世，但没有被采纳。

于是1485年哥伦布移居西班牙，想从西班牙国王菲迪南德和皇后伊莎贝拉那里得到支持。1486年5月，国王和皇后终于召见了他。由于他的忠厚、自信及丰富的地理知识，哥伦布给国王和皇后留下了很好的印象。西班牙很想在开辟东印度群岛航路的竞争中击败葡萄牙，所以对哥伦布的计划很支持，并组成一个由海员和学者组成的委员会进行研究。遗憾的是委员会办事拖拉，到1488年还未做出任何决定，等得不耐烦的哥伦布又回到了里斯本，试图从国王约翰那里得到支持。可是，当时葡萄牙航海家巴尔托洛梅乌·迪亚士绕过非洲南端的好望角后胜利归来。这样国王约翰认为，东行到达亚洲的航路已通，于是对哥伦布的计划就失去了兴趣。

尽管哥伦布又向英国和法国国王提出了建议，但都失败了。毫无办法的他，只好等待西班牙委员会的决定。1490年，哥伦布的计划不切实际的断言不被西班牙皇家顾问们认可，但皇后仍然对此抱有信心。直到1491

解不开的历史谜团 *jiebukaidelishimituan*

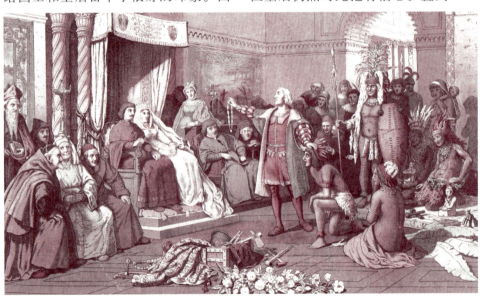

☆ 哥伦布为西班牙女王带回大量的财富

年新任命的委员会终于通过了哥伦布的东印度群岛探险计划。

之后，他提出在试航成功后任命他为海洋将军和新领地的总督，而且要把将来全部殖民地收入的百分之十归他所有。但是这一要求遭到国王和皇后的断然拒绝。幸亏一个替皇后管理个人财务的宠臣向皇后说明这次探险的代价对于获得的利益来说是微不足道的。1492年，同意哥伦布所提各项条件的正式文件终于签订了。经过8年的挫折，哥伦布的计划终于被采纳了。哥伦布才得到西班牙国王斐迪南和王后伊莎贝拉的资助，率船队向西远航。

此外，委内瑞拉史学家埃尔马诺·内克塔里奥·马利亚认为，第一个踏上美洲的西班牙人是阿隆索·桑切斯·德韦瓦尔。他大约在1481年登临美洲，返航后住在桑托港的哥伦布家去世，去世前把全部航行资料交给了哥伦布。于是十年后才有了哥伦布的第一次远航。

还有人提出：诞生在他父亲开的呢绒作坊里的是一位住在地中海从事商业航行的哥伦布，并不是发现美洲大陆的哥伦布，发现美洲的哥伦布叫克利斯朵夫·哥伦布。他是西班牙马喀牙卡岛人，具体地点可能是赫诺瓦。"赫诺瓦"与意大利"热那亚"的字母拼写是一样的。哥伦布原名是胡安，姓"哥伦布"，为"鸽子"之意，这是西班牙巴利阿里群岛上一个很古老的姓，取自犹太人家庭的祖姓。

美国历史学家艾·巴·托马斯说："哥伦布其人是一个谜"，"关于他的生平，很少能说确切"。事实上，发现美洲大陆的历史人物哥伦布还真是一个谜，究竟哪个是发现美洲大陆的哥伦布，我们目前不得而知。

·知识链接·

美洲：

美洲位于西半球，自然地理分为北美洲、中美洲和南美洲，南纬60°—北纬80°，西经30°—西经160°，面积达4206.8万平方千米，占地球地表面积的8.3%、陆地面积的28.4%。是唯一一个整体在西半球的大洲。美洲对印第安人来说并不是新大陆，他们早在4万年前就已经到达美洲大陆，大约是在4万年前从亚洲渡过白令海峡到达美洲的，或者是通过冰封的海峡陆桥过去的。

美洲文明的代表有玛雅文明、印加文明和阿兹特克文明。此外，奥尔梅克文明、瓦哈卡文明、特奥蒂瓦坎文明和托尔特克文明等在美洲发展史上也占有重要地位。

哥伦布是在哪里登上美洲大陆的？

当西方人谈论起美洲的时候，总是说："哥伦布是第一个发现美洲的人。"哥伦布的远航是大航海时代的开端。新航路的开辟，改变了世界历史的进程。它使海外贸易的路线由地中海转移到大西洋沿岸。从那以后，西方终于走出了中世纪的黑暗，开始以不可阻挡之势崛起于世界，并在之后的几个世纪中，成就海上霸业。一种全新的工业文明成为世界经济发展的主流。那么，这位伟大的航海家到底是在美洲的哪里登陆的？这个问题目前让人十分迷惑。

哥伦布从小最爱读《马可·波罗游记》，从那里得知，中国、印度这些东方国家十分富有，简直是"黄金遍地，香料盈野"，于是便幻想着能够远游，去那诱人的东方世界。哥伦布为实现自己的计划，到处游说了十几年。直到1492年，西班牙王后慧眼识英雄，她说服了国王，甚至要拿出自己的私房钱资助哥伦布，使哥伦布的计划才得以实施。

1492年4月17日，西班牙王室同哥伦布签订了"圣达菲协定"，任命哥伦布为"他发现或取得的一切岛屿和大陆的元帅、总督和首席行政官"，并获取相应物品百分之十的权益。1492年8月3日拂晓，西班牙巴罗斯港口，一声炮响后，"圣玛利亚"号、"平塔"号和"尼尼雅"号三艘小型海船远航了。这支小型船队的总指挥就是哥伦布，他在"圣玛利亚"号上发号施令，带着西欧人追求黄金、宝石和香料的愿望，寻找通往东方的道路。这次航程正像法国地理学家安维里所说："一个极大的错误，导致了一次极伟大的发现。"

这位未来的"元帅"率领着百十名水手，首先到达加那利群岛，9月6日离开，驶向茫茫无际的海洋。

经过70昼夜的艰苦航行，途中惊险迭起，正当水手们几乎绝望，密谋哗变的时候，10月12日凌晨2点，首先是"平塔"号瞭望台上的值班水手罗德里戈·特里安纳大声高叫："陆地！陆地！陆地！"大家拥到甲板，欢呼若狂。哥伦布以为他找到了东方的印度。后来知道，哥伦布登上的这块土地，属于现在中美洲加勒比海中的巴哈马群岛，他当时把这里命名为圣萨尔瓦多。1493年3月15日，哥伦布回到西班牙。此后他又三次重复他的向西航行，又登上了美洲的许多海岸。直到1506年逝世，他一直认为他到达的

是印度。后来，一个叫做亚美利哥的意大利学者，经过更多的考察，才知道哥伦布到达的这些地方不是印度，而是一个原来不为人知的新大陆。这块大陆用证实它是新大陆的人命名为亚美利加州。后人简称之为美洲。并把10月12日定为拉丁美洲共同的诞生

☆ 哥伦布石雕像

纪念日。

近年来，随着越来越多的考古发现，有很多人开始相信北欧的维京人早就发现了美洲。甚至有人提出中国人郑和在1421年便已发现美洲大陆。但当时，欧洲乃至亚洲、非洲整个旧大陆的人们确实不知大西洋彼岸有此大陆。

无论是谁先发现了美洲大陆，哥伦布作为第一个使欧洲人普遍知道美洲大陆的人的地位则是毋庸置疑的，是不可改变的事实。

自那以来，500多年过去了，人们一直对哥伦布的首次登陆点到底是现在的什么地方，产生了不同的说法。原本世界史学界比较一致的看法，是巴哈马群岛中的华特林岛。此处经美国哈佛大学历史教授塞缪尔·埃利奥特·莫里森博士率考察队三次实地航行考察，做了明确肯定，使华特林岛成为首次登陆地点具有权威性。

中国《地理杂志》1980年第9期发表了宋正海、刘道远所撰《伟大的航海家哥伦布》一文，认为：哥伦布首次登上美洲的地点是"现为巴哈马群岛华特林岛东南350千米处的凯科斯岛中的一个小岛"，但未作详细说明。

1986年10月，新观点的出现轰动了学术界。美国《国际先驱论坛报》载文说：研究人员运用计算机和新的资料分析法得出结论，哥伦布首登点

不是华特林岛，而是距华特林岛110千米的萨马纳小岛。主持研究的约瑟夫·贾奇在记者招待会上说："我们解决了5个世纪以来的重大地理难题之一，以往大部分历史书是错误的。"

那么，哥伦布到底是在美洲的哪里登陆的呢？以上三种首登点之说，究竟何处更符合历史？目前答案尚无定论。

·知识链接·

哥伦布：

意大利航海家。生于意大利热那亚，卒于西班牙巴利亚多利德。一生从事航海活动。先后移居葡萄牙和西班牙。相信大地球形说，认为从欧洲西航可达东方的印度。在西班牙国王支持下，先后4次出海远航（1492－1493，1493－1496，1498－1500，1502－1504）。开辟了横渡大西洋到美洲的航路。先后到达巴哈马群岛、古巴、海地、多米尼加、特立尼达等岛。在帕里亚湾南岸首次登上美洲大陆。考察了中美洲洪都拉斯到达连湾2000多千米的海岸线；认识了巴拿马地峡；发现和利用了大西洋低纬度吹东风，较高纬度吹西风的风向变化。证明了大地球形说的正确性。

解不开的历史谜团

jiebukaidelishimituan

谁先环航非洲大陆？

环海航行的探险活动是人类一直追寻的比较刺激的活动，非洲大陆的环海航行也早已开始，但是谁是第一个环航非洲大陆的人呢？这个问题目前还颇有争议。

非洲大陆面积约3000万平方千米（不包括附近岛屿）。约占世界陆地总面积的20.2%，仅次于亚洲，为世界第二大洲。对于非洲大陆的探险在很早的时候就已经开始，但是目前对于谁是第一个到达非洲大陆探险的人成了一个历史之谜。

葡萄牙人一直是被公认颇为喜欢进行探险活动尝试的一个国家。根据有关史料记载：1415年葡萄牙人占领休达。1432年到达亚速尔群岛。1445年涉足佛得角。1471年抵达几内亚，接着进占他们命名的"象牙海岸""奴隶海岸""胡椒海岸"和"黄金海岸"。15世纪80年代他们到达刚果和安哥拉。1487年迪亚士发现好望角。1479年达·伽马率领160名水手从里斯本出发，沿着前人开辟的航路绕过非洲南端进入东非海岸，完成环行非洲的探险。因此，有很多人认为葡萄牙人在15世纪完成了多次非洲

航海探险活动。尽管葡萄牙人对于非洲大陆的航海探险活动一直都在进行着，那么是葡萄牙人首先对非洲大陆进行航海探险活动的吗？

有的学者认为，环绕非洲大陆的探险活动早在公元前1000多年前就先

☆ 非洲大陆高空俯视图

后开始了。阿拉伯人、古埃及人、腓尼基人、波斯人都涉足此壮举。根据希伯来编年史，在公元前1000年到公元前900年期间，所罗门王的腓尼基水兵，从一个名叫欧弗的商业城镇带回黄金、象牙、孔雀和猿。他们每三年往返一次。

有的学者根据东非海岸的探险活动留下的一些零星记载研究后，认为这个欧弗可能是东非海岸的索法拉或津巴布韦。希罗多德所著《历史》一书中记载："于是腓尼基人便从红海出发而航行到南海去，而在秋天到来的时候，他们不管航行到利比亚的什么地方都要上岸，并在那里播种，收获谷物后再继续航行。两年之后到第三年的时候，他们便绕过了赫拉克勒斯双柱（即今直布罗陀海峡）回到埃及。在回来之后他们说，在绕行利比亚的时候，太阳是在他们的右手"。其中对埃及国王尼科在公元前600年到公元前595年，派遣腓尼基水兵环航过非洲也有过比较详细的记载。

学者罗伯特·罗特伯格也对这种说法给予了肯定，他认为：这次探险实际上是可能的，他们推测这次航行是尼科国王为同希腊商人竞争，希望从红海到赫拉克勒斯双柱开辟一条新航线。这些受命的腓尼基人可能在11月底起，在红海考赛尔附近起航，在绕过瓜达富伊角之前顶着红海的逆流和亚丁湾里的东北季节风，划桨前进，然后，他们就可能借着季节风和强烈的顺流驶向南方。或许他们在9月跨过赤道后注意到太阳是在他们的右边——也就是正午时分太阳在他们船的北面。他们愈向南去，这个现象就会愈明显；同时，莫桑比克和厄加勒斯海流就会带着他们绕过好望角，以后他们在此以北停留播种以后，向前航驶即进入比夫拉湾。然后抵达里塔尼亚或摩洛哥。再作一次播种和收获后，即到达赫拉克勒斯双柱和他们熟悉的水域了。北非的迦太基人也曾出直布罗陀海峡探险非洲。约在公元前1100前，腓尼基人开始在北非建立殖民地，其中以建于公元前800年的迦太基势力最为强大。稍后希腊人也涉足北非的昔兰尼加，并在公元前7世纪发现了赫拉克勒斯双柱（即今直布罗陀海峡）。但迦太基人为了排除经商的竞争，对外曾封锁了直布罗陀海峡。

公元前6世纪末，有一个名叫欧塞迈奈斯的马西利亚人声称他曾经到过西非海岸。他还声称自己到过一条河，可能是塞内加尔河，那里的河水被风刮得往后倒流，而且河里有大量鳄鱼。公元前500年到公元前470年的某些时候，迦太基政权命令汉诺"航经赫拉克勒斯双柱"。在非洲"建立利比腓尼基城市"。汉诺不久率领一支由60艘组成的可容纳3万人的船队

解不开的历史谜团

jiebukaidelishimituan

航行西非海岸，他越过现今顿西弗特河口之后又到达现今和德腊河。逗留数月后继续南下。抵塞内加尔河以后又再向南行，停泊在长满"各种芬芳树木"的一个避风港。学者们认为，这应是佛得角。两天后，他们驶入一个广阔的海岸，大概就是今天的冈比亚河口。以后又进抵比扎戈斯湾。经过四天的航程，夜晚他们望见陆地还是一片火海，其中有一个比别处大火烧得更旺的冲天火柱，几乎要碰到星星似的。在白天看到这是一座非常高的大山，叫着"诸神的战车"。一些学者认为，这座山即是今天的喀麦隆火山。它在当时是一座活火山，它以4072米的高度俯瞰着比夫拉湾。他们

在一个岛上还遇见了黑猩猩。汉诺的航海探险到此似乎就停止了。他率领船队返航复命。他的这次航行从海路打开了迦太基人与西非的零星通商。希罗多德的《历史》也曾记载迦太基人乘船到大西洋沿岸某地，以贸易方式用商品换取黑人的黄金。因此，希罗多德所记载的内容又与此说法相吻合。

还有相关的史料记载表明迦太基商人在大西洋沿岸瑟恩与黑人进行过贸易。一些学者认为，瑟恩即是奥德奥多河口上的赫恩岛。迦太基人为了垄断商业一直封锁了出直布罗陀海峡南下西非的海路。他们在国外扬言，大西洋是一个无风、泥泞、浅水、长满海草的海洋。考古学家在摩洛哥大

☆ 直布罗陀海峡风景

西洋沿岸也发掘出迦太基时期的商站遗址。尽管活跃于地中海世界一时，希腊人并未涉足探险非洲，这时因为当时希腊人也普遍地相信，即使非洲不与大陆相连接，也一定过于炎热，无法进行环航，因此，他们就没有到达非洲大陆进行探险活动。

根据希罗多德在《历史》中的记载：萨塔斯贝因奸污了一个望族的姑娘，被薛西斯处以刺刑。萨塔斯贝的母亲，即大流士的妹妹为他求情，说她将要把一个比薛西斯的惩罚更重的惩罚加到他身上，这就是令他环航非洲赎罪。薛西斯因比采纳此建议，命令萨塔斯贝从赫拉克勒斯双柱绕过非洲到达红海。萨塔斯贝在埃及弄到一条船和一帮水手驶入大西洋。他们经过现在名为斯巴尔特的海角，朝西南方向继续航行了几个月。但他在大海上航行了数月后看不到边际，于是回头驶向埃及。他复命国王薛西斯朝廷的时候，声称回头时"发现海岸上盘踞着一些矮人，他们身穿棕榈叶做的衣服"。由此推断，迦太基人从西向东环航非洲的探险，很可能在波斯国王薛西斯（前485－前465）时期由一名叫萨塔斯贝的年轻人重演了一次，他可能达到了几内亚湾。

尽管历史学家对于谁是进入非洲大陆航海的第一人进行了大量的研究，但是，问题的答案还是没有明朗

解不开的历史谜团
jiebukaidelishimituan

化，因此，环航非洲大陆的第一人就成了一个世界历史之谜。

·知识链接·

非洲：

非洲位于亚洲的西南面。东濒印度洋，西临大西洋，北隔地中海与欧洲相望，东北角习惯上以苏伊士运河为非洲和亚洲的分界。大陆东至哈丰角（东经51度24分，北纬10度27分），南至厄加勒斯角（东经20度02分，南纬34度51分），西至佛得角（西经17度33分、北纬34度45分），北部至吉兰角（东经9度50分、北纬37度21分）。面积约3020万平方千米（包括附近岛屿）南北约长8000千米，东西约长7403千米。约占世界陆地总面积的20.2%，仅次于亚洲，为世界第二大洲。

☆ 大西洋沿岸风景

多利亚人何时来到希腊？

多利亚人不喜欢舞文弄墨或建城设防,却以全民为战,战斗中义无反顾著称。多利亚人是古希腊人的一支,在古典时代,多利亚人的国家斯巴达、克里特诸邦曾显赫一时。那么这些多利亚人究竟是何时来到希腊的呢?

多利亚人是古希腊人的一支,他们的天性就是骁勇善战。对于多利亚人的移民,或入侵,或赫拉克利斯子孙返回的事件,无论是古典作家还是现代作家,几乎都似乎坚信不疑。荷马史诗中也提到"赫拉克利斯子孙和许多人是从伊庇鲁斯出发南下的"。修昔的底斯甚至明确地说,多利亚人在特洛伊战争的80年后,又同赫拉克利斯的子孙占据伯罗奔尼撒。

在12世纪的时候,一场熊熊大火几乎把整个希腊迈锡尼文明世界给毁掉了,唯独剩下的就是雅典、阿卡地亚的少数迈锡尼文明时代城镇,它们是这场大火的幸存者。这场大火之后,多利亚人建立的国家便如雨后春笋一般逐一建立,这就是历史上所说的"多利亚人入侵"。这种说法是否具有真实性,人们还是颇有争议的。

半个世纪以来,大多数人们认为多利亚人毁了迈锡尼文明,将希腊拖回近乎野蛮的状态,他们是第三批入侵到希腊的讲希腊语的人。哈蒙得等人指出,多利亚人在大约公元前1100－前1000年从伊庇鲁斯和西南马其顿侵入希腊。为证实这点,哈蒙得亲自到有关地区访古考察。他认定,南下的多利亚人定居在埃利斯、拉格尼亚、阿哥斯、科林斯、希息翁、埃庇道鲁、麦加拉和爱吉那,并越海至克里特、米洛斯、德拉及小亚南岸。他们带来了铁剑、长别针和火葬习俗。他们结束了迈锡尼文明,使希腊进入黑暗时代。当然也有人认为,多利亚人先到克里特,后至伯罗奔尼撒。

对于多利亚移民的真实性大多数人表示赞同,而且他们认为在公元前12世纪中叶至公元前11世纪中叶多利亚人所到之处不限于巴尔干半岛,而是波及近东地区的大规模移民。当时,迈锡尼文明已毁灭,多利亚人来到了近于废墟的广大地区,安居

☆ 迈锡尼遗址

下来。

但是，也有人对多利亚人的入侵提出了疑义。K·J·白劳赫认为，在公元前2000年左右，多利亚人是同其他希腊人一起来到巴尔干半岛的，而不是后来者。这就是说，虽然发生过伯罗奔尼撒半岛上人口流动的事，但并无所谓多利亚人移民南下。据他分析，关于多利亚人移民的故事出现在公元前8－前6世纪，是为多利亚人称雄伯罗奔尼撒提供根据。这种分析获得不少人称道。J·柴德威克的见解更有独到之处。他指出，考古学上不能为多利亚人入侵提供证明。可以识别为属于多利亚人风格的陶器也并没有见到，甚至于铁剑、长别针和火葬习俗，在希腊早已有之，且并不鲜见。原始几何陶和几何陶风格是在次迈锡尼陶风格的基础上发展起来的，与

"多利亚人入侵"无关。因此，柴德威克说，从考古学方面看，根本不存在多利亚人之入侵；但是，线形文字B泥板文书却证明了多利亚人的实在性。他仔细研究了线形文字B文献认定，在公元前1000年，希腊存在着一种古多利亚方言，或西希腊语方言。因此，K·J·白劳赫认为迈锡尼、派罗斯、克诺索斯等地的语言从原来的以东部方言为主转变为西部方言占优势，仅凭少数的多利亚显赫家族是不可能左右的，除非有很大数量的多利亚人才能够使这种情形得以实现。

还有人认为多利亚人来自希腊西北部，但是这种说法也有一定的可疑性，因为这些地区并没有出现人口减少的危机。因为多利亚人早就遍布于希腊世界讲迈锡尼语言的地区之内，因而在考古材料中见不到多利亚人来到的任何特殊证据。柴德威克这种大胆假设，用他自己的话说，连他自己都难以接受。通过对语言的精细分析研究，他提出，在迈锡尼时代，流行两种方言，少数贵族讲正统的迈锡尼语，大多数中下层阶级的人讲原始多利亚语。在今日希腊可以发现类似的现象。当今希腊语的特点是官话、文话、白话并行的格局。其实，许多国家都有这种情况。在迈锡尼时代的希腊各国，讲原始多利亚语的人正是当时的被统治者，他们分布在各地。官

解不开的历史谜团

jiebukaidelishimituan

方文件中自然少见多利亚语的痕迹，而以迈锡尼语言为主。神话中赫拉克利斯为梯林斯国王服苦役，对多利亚人受制于迈锡尼人的事实作了补注。随着时光荏苒，讲多利亚语的人逐渐遍布几乎整个伯罗奔尼撒并向海外发展，占据了克里特全境、米洛斯、德拉及都得坎尼斯诸岛。

据柴德威克推测，认为在公元前15世纪中叶，大陆希腊人入侵克里特时，一定起用了大批下层阶级的人，许诺给他们土地。两代以后，这些讲多利亚语的人力量增强，轻而易举地推翻了原来的统治者。后来，当大陆希腊世界由于外来因素将战争加诸于已经危机四伏的迈锡尼文明各邦，迈锡尼世界陷于动乱之时，贵族们逃难了，被压迫的多利亚人以"赫拉克利斯的子孙返回"为动员令，乘机而起。据此推断，当时并不是多利亚人入侵希腊，而是多利亚人入主伯罗奔尼撒等地。

对于多利亚人是何时来到希腊的问题还处于激烈的探讨阶段，目前还并没有达成一致的共识，看来要解开多利亚人何时来到希腊的问题还需要一定的时间来仔细深入地研究一番。

·知识链接·

希腊文明：

希腊是西方文明的发祥地，创造过灿烂的古代文化，在音乐、数学、哲学、文学、建筑、雕刻等方面都曾取得过巨大成就。公元前2000年左右到公元前30年的古代希腊是以巴尔干半岛、爱琴海诸岛和小亚细亚沿岸为中心，在包括北非、西亚和意大利半岛南部及西西里岛的整个地中海地区建立的一系列奴隶占有制国家。

☆ 希腊一景

第三章

偶然与必然

　　人生是偶然的，我们偶然地来到了这个世界，开始偶然的旅程，可是，在处处的偶然里我们却得到了许许多多必然的结果。一个人因偶然的机会诞生了，其后在成长过程中，必然会受到环境的影响，偶然中往往也蕴含着必然。世界历史中一些人的命运、一些事的发生也经常为偶然事件中的必然结果。

马志尼的起义计划为何一再流产?

一次伟大计划实施的成功与否,不但在于发动者自身的原因,还受到天时、地利、人和等各方面因素的影响。或许在对意大利革命家马志尼的起义计划一再流产的研究中,我们可以明白些什么⋯⋯

18世纪末意大利复兴运动兴起后,烧炭党是第一个站在运动前列起领导作用的全国性政党。19世纪30年代初烧炭党退出斗争舞台后,意大利著名的资产阶级革命家、思想家、爱国志士马志尼迅速于1831年在法国马赛创建了革命组织"青年意大利党",主张通过武装起义的道路来推翻国内外封建反动势力的统治,建立一个强盛的意大利共和国。马志尼为意大利的民族独立、国家统一作出了不可磨灭的贡献。

中国爱国主义者、思想家、历史学家梁启超曾经对这位功臣给予高度赞誉:意大利的统一"首必推马志尼,天下公论也"。可是,马志尼曾经发动过三次起义,遗憾的是没有一次起义计划是成功的。起义最终能否获得胜利,这是由时代条件、阶级力量对比等各方面因素所决定的。马志尼这样著名的革命家,每每发动起义,但计划总是流产,不但他本人惶惑不解,就是历史学家们也难以作出令人信服的解释。

马志尼在创建了"青年意大利党"这个革命组织之后,就制订了在意大利境内发动起义的计划。他首先选定意大利西北部撒丁王国的热那亚、亚历山大里亚、尚贝里三个城市作为起义的突破口。因为在这三个城市的驻军官兵中有许多青年意大利党人。遵照马志尼的指示,以鲁菲尼兄弟、安德烈·沃契耶里为首的青年意大利党人在驻军中积极地开展起义的准备工作。但是,在1832年的下半年,撒丁王国政府就已觉察到了三个城市驻军中的起义动向。因此,1833年4月,当起义基本准备就绪但还没有发动的时候,撒丁王国政府就采取了先下手为强的策略,突然逮捕了热那亚驻军中准备参加起义的掷弹兵阿列曼迪和司务员萨科,接着将热那亚、亚历山大里亚、尚贝里驻军中准备参加起义的骨干分子也全部抓获。第一次起义就这样以失败告终。

马志尼在这次起义失败以后，并没有灰心，他打算在意大利南部的那不勒斯王国那里再次发动起义。这一次，马志尼根据自己所掌握的南方革命形势，信心倍增，相信起义一定能顺利发动。1833年7月末，马志尼向他的支持者们发出了最后的指令：起义在8月11日举行。但是，就在马志尼满怀希望地等候起义发动的消息时，那不勒斯王国的宪兵队已经巡行整个南方，从8月初就开始了一场大搜捕，所有起义的领导人都被逮捕，并被驱逐出境。

经过两次起义计划的流产，马志尼虽然悲愤不已，但仍然意志坚定。1833年秋季，他决定再次推翻撒丁王国政府，点燃全意大利的起义烈火。几经周折，他在居住在瑞士的意大利侨民中组建了两支远征军。1834年2月，这两支远征军分别从瑞士的卡劳奇和尼翁出发。但是，不知为何，国外发动远征的信息早已被撒丁王国政府和瑞士政府所掌握，因此，从尼翁出发的队伍很快就连人带船以及武器装备全部被瑞士政府军所截获。从卡劳奇出发，由马志尼亲自率领的队伍，虽然进入萨伏依地区，但很快就被撒丁王国政府军击溃。

究竟为什么马志尼的几次起义计划都牢牢地掌握在敌人的手中呢？马志尼的起义计划总是流产的原因又是什么呢？

1923年，意大利历史学家伊·拉尼耶里偶然在梵蒂冈教皇的档案库里发现了一份材料，这份材料为史学家们研究马志尼"屡战屡败"的原因提供了一条线索。这份材料说，一个名叫米凯列·阿库尔西的人，在1832年被捕后，以出狱后及时向教皇警察局汇报马志尼和"青年意大利党"的活动情况为条件被释放。从1833年起，

☆ 马志尼雕像

他就成了马志尼"最可信赖的"、"亲密的战友"。马志尼对其非常信任，并让他担当"青年意大利党"的负责人。拉尼耶里断定，正是这个阿库尔西将马志尼发动的三次起义计划事先报告给教皇政府，又由教皇政府转达给有关的撒丁王国政府、那不勒斯王国政府和瑞士政府。但是，拉尼耶里只能证明阿库尔西的确把马志尼准备在那不勒斯王国发动起义一事向教皇政府写了报告，关于他出卖另外两次起义计划的证据却无从查考。

尽管马志尼他们号召民众起义是公开的，但发动起义的计划却是极端保密的，而且"青年意大利党"是有着极为严格的组织纪律的，因此只有实际参与其事的少数几个领导人知道实情。由于马志尼与那不勒斯王国革命者的信件往来要经过"青年意大利党"罗马支部中转，且在这一段时间里信件往来过于频繁，因此根据当时的情况分析，阿库尔西只能隐约地猜测到马志尼要在那不勒斯王国发动起义，对详尽情况并不知道。然而，马志尼在撒丁王国发动起义、从瑞士组织远征军进攻萨伏依的计划，与阿库尔西没有任何关系，他也就无从得知。因此，说阿库尔西是马志尼三次起义计划流产的罪魁祸首是缺乏根据的。那么，另外两次起义计划的流产，是在某些具体环节上出了破绽而被敌人察觉，还是有其他未被揭露的叛徒在其中起了一定的破坏作用？这些情况目前仍无从考证。

策划和组织武装起义、宣传和建立共和，构成马志尼派活动的全部内容。他们的事业是正义的，斗争是勇敢的，但为什么屡遭挫折和失败？这些挫折和失败造成的原因是什么呢？拉尼耶里无意中从史料堆里揭露了阿库尔西这个一直在幕后深藏不露的叛徒，也仅为解开马志尼的起义计划为何一再流产这个谜团提供了一条线索。其他两次起义计划流产原因的揭晓，还有待史料的进一步发掘和考证。

·知识链接·

马志尼：

马志尼（又译朱塞佩·马志尼，GiuseppeMazzini，1805－1872），统一的意大利的缔造者之一，历史学家说："意大利的统一，归功于马志尼的思想，加里波第的刀剑和加富尔的外交。"由于本身政治才干的不足，意大利是由他的对手萨伏依王朝统一的，他对这一结果有极大的不满，叹息道："我要的是一个青年的意大利，你们却给了我一个木乃伊。"

世界首位宇航员因何机毁人亡？

2008年9月25日，我国"神舟七号"飞船发射升空试验圆满成功，在国内外引起巨大轰动，实现了中华民族飞天梦想的又一次飞跃，中国宇航员的登月和人类在太空生活也将指日可待。此时此刻，人们也不会忘记世界上第一位宇航员尤里·加加林，以及他在乘飞机"斯帕卡"训练时发生的空难事故。"斯帕卡"机毁人亡事件至今仍是一个谜……

1968年3月27日上午10点18分45秒，尤里·加加林和他的教练弗拉基米尔·谢列京，与往常一样执行教学飞行任务。在获得指挥部发出的飞行指挥信号后，加加林和谢列京驾驶的"斯帕卡"米格－5教学用喷气式歼击机开动了发动机。随着机器的轰鸣声，飞机沿着混凝土跑道飞快地向前冲去，并喷射出炫目的橙黄色气圈。加加林作为受训者坐在前舱，谢列京坐在后舱。但13分钟后，即10点31分，就发生了机毁人亡的不幸事件，加加林和他的教练永远离开了人间。

根据苏联共产党中央委员会的决定，负责调查"斯帕卡"失事原因的政府委员会在事故发生后的第二天，也就是1968年3月28日，便组建完毕。苏联立即组织国家委员会对"斯帕卡"坠毁事件进行了长期、详尽的调查。调查资料多达29卷，全部保存在浩如烟海的档案库里。调查委员会的结论被列为机密予以封存，而参与调查者也均保持着沉默。他们认为不应该让人们知道这次事故和尤里·加加林死亡的真相。从赫鲁晓夫到勃列日涅夫、戈尔巴乔夫，人们对"3·27斯帕卡坠机事件"始终采取回避或秘而不宣的态度。

苏联解体后，一切形势都与原来大不一样。国家许多机密和党内文件、资料被公布于众。有关这次事故的资料也不例外，被一一曝光，成为专家们十分感兴趣的研究对象。

研究者通过研究分析，运用数学模拟的方法，遵照空气动力学原理，重现加加林的"斯帕卡"飞行全过程，从中发现当时参与调查的某些

解不开的历史谜团

jiebukaidelishimiwtuan

有影响的人物所没有发现的导致加加林死亡的一些重要因素。专家们经过综合分析比较，排除了许多不可能的因素，最后推断只可能是空中螺旋因素造成此次飞行事故。这和当时国家委员会的解释是大致相符的。委员们判断，加加林和谢列京是掉进了特殊的空气旋流，即"风洞"。掉进"风洞"后，飞行器常会陷入空中螺旋运动，这时要想在低空挣脱出来具有很大的难度。

数学模拟制作者莫罗佐夫、日拉尼科夫等人却对此种观点持反对态度，他们认为并非自然形成的气流导致飞机坠毁，而是人为造成的气流置"斯帕卡"于死地。这种人为气流只有在飞机掠过后才会形成，这是一股空气动力学上讲的"伴随流"。别拉齐尔科夫斯基教授、工程博士希科夫、宇航员列昂诺夫也对"伴随流"的推断表示赞成。尤其是别拉齐尔科夫斯基教授在国家委员会工作时就已经提出了气流出自人为的假设，但遗憾的是当时并没有进一步加以证实。

事实上，在1968年3月27日上午与加加林的"斯帕卡"同时升空的还有另外一架修理后，要进行发动机和仪器设备的测试而上天的飞机，至于它有没有穿过加加林的航区，不得而知。

此外，在加加林失事前11分钟，另有两架米格－21歼击机起飞。当时飞行指挥警告说"斯帕卡"在他们的上空，但是当时天气恶劣，云层浓度高，按照飞行原则，受到安全警告令后应该停止飞行。然而事实并非如此，飞机仍在若无其事地飞行。更令人吃惊的是，一架苏－11高速喷气式歼击机违反飞行条例，未作任何警告就飞入了加加林的航区。经反复分析，苏－11歼击机几乎是垂直从下向上穿越大气层，且离加加林的飞机很近。测位器荧屏上当时显示两架飞机的标记曾重合在一起，"斯帕卡"为了避免相撞后来被迫转向。于是飞机失去平衡，落入苏－11造成的"伴随流"中。

实际上，委员会当时是在千方百计地掩盖一个事实：加加林航区恰好位于莫斯科近郊天空，是名副其实的"过道"，这也正是事故发生的原因之一。委员会把一些次要情况做了较详细记载，如加加林和谢列京驾驶的"斯帕卡"不是新型飞机，研制技术较差，甚至没有通过在极端异常情况下的飞行测试。要是当时在天气恶劣情况下中止飞行，要是没有形成风洞，那么飞机的这些缺陷是不会造成这样严重的后果的。更为严重的是，云层的下界只有400米～500米，而飞机起飞前显示的数据为900米。要知道，这个距离足以将飞行员从机舱里弹出来。当时，加加林飞机上用以测定高度的唯一仪器是气压高度仪。当时由于飞机的急速下降，高度仪受到连接在气压领航仪器上的橡皮管中空气质量的惯性作用，指示相对迟滞。然而，加加林当时不知道他们在"风洞"中的"斯帕卡"的仪器指数可能只有400米，延迟显示一半以上的量值，实际上400米～500米以下的云层已消散，这时的处境已十分危险，何况气压高度仪的数据显示还要少于400米，高度仪又误导了加加林的实际飞行高度，正是这接二连三的错误使加加林和谢列京连最后逃生的机会都失去了，最终使"斯帕卡"走上了毁灭之路。

此外，由于加加林一度有嗜酒的喜好，有人推断造成"斯帕卡"失事的原因极有可能是当时加加林酒后驾机。

另外，由于当时军方在"斯帕卡"失事地区发现了十个气象气球，因此第二位进入太空的盖尔曼·蒂托夫认为，"斯帕卡"飞机有可能是撞上了一个气象气球而坠落的。

对于"斯帕卡"飞机失事的原因我们得到的答案莫衷一是，我们希望对加加林和谢列京机毁人亡的事件有一个综合的、更加可信的解释。

· 知识链接 ·

加加林：

尤里·阿列克谢耶维奇·加加

林（1934—1968，身高159厘米），世界第一位航天员，苏联英雄，苏联太空人，苏联红军上校飞行员，是第一个进入太空的地球人。生于苏联斯摩棱斯克州格扎茨克区克卢希诺镇的一个集体农庄庄员家庭，白俄罗斯人。1955年从萨拉托夫工业技术学校毕业后参军。1957年在契卡洛夫第一军事航空飞行员学校结业，成为红旗北方舰队航空兵歼击机飞行员，同年与瓦莲京娜结婚。1960年被选为航天员，加入苏联共产党。1968年3月27日因飞机失事遇难。

☆ 戴满勋章的加加林

解不开的历史谜团 jiebukaidelishimituan

沙皇亚历山大一世是否杀父篡位?

　　亚历山大一世是俄国历史上最著名的沙皇之一。他之所以有名，不仅因为他曾经三次打败野心勃勃的拿破仑，还因为在他的人生经历中充满了神秘和离奇。有人称他是"俄国历史上的两面神""北方的斯芬克斯""王座上的演员"。普希金则认为他是"一位懦弱而狡猾的君主"。那么，亚历山大一世真的是历史上杀父篡位的沙皇吗？

　　沙皇亚历山大一世是俄国罗曼诺夫王朝的第13位沙皇，他的一生就像一个传奇故事。和他同时代的拿破仑曾评价他是"真正的拜占庭人，细心、虚伪、狡猾"，俄国革命家赫尔岑对他的评价是"加冕了的哈姆雷特，一生都受到弑父阴影的折磨"。那么亚历山大一世真的是像赫尔岑所说的那样杀父篡位的吗？

　　保罗是亚历山大一世的父亲，也是叶卡捷琳娜二世的儿子，是女皇与情夫萨尔蒂柯夫风流后的产物。自保罗出生后，叶卡捷琳娜二世就对这个不该出生的儿子极其冷淡，甚至对亲生儿子从未流露出亲昵之情。保罗成人后，母子关系更加紧张。保罗怨恨母亲给了他一个"不光彩"的出身，也怨恨母亲久占皇位，使他不能成为显赫的沙皇，因此终日颓废消沉，不

事政务，但却热衷于操练军队。母子双方长期"冷战"，相互避免在公开场合见面。

　　亚历山大1777年12月12日诞生于圣彼得堡，是保罗的长子。亚历山大出生后，叶卡捷琳娜二世身上的母性突然复苏，她认定这个新生儿将取代保罗成为真正的皇位继承人，因此她亲自为孙子取名为亚历山大，希望他将来有俄国古代英王亚历山大·涅夫斯基的性格和功业。亚历山大出生后一年半，他的弟弟，也就是保罗的次子康斯坦丁降生，于是亚历山大兄弟二人均在祖母的呵护下成长。叶卡捷琳娜为兄弟俩请来了当时最好的学者，负责两位皇孙的教育。富有自由化色彩的良好的欧式教育以及启蒙主义思潮带来的理想主义，与亚历山大在日后面临的俄罗斯具体而又复杂的

国情形成强烈的反差，使得亚历山大变得茫然不知所措，最终反而走向早年信仰的极端。这也是俄罗斯几代君主不断重复执政失误的一个原因。

随着年龄的增长，亚历山大逐渐懂得自己生活在一个虚伪荒谬的环境中，表面豪华阔绰、歌舞升平的宫廷里实际上充满了钩心斗角、尔虞我诈和阴谋争斗。他也逐渐察觉到父亲与祖母间的严重不和，从而被迫在两人之间周旋。尚未成年的亚历山大清楚，头戴皇冠的祖母可以给他一切，而卑下猥琐的父亲则是无足轻重的。少年时代的宫廷生活和特殊的环境已造就了亚历山大多疑敏感、虚伪善变的性格。

在叶卡捷琳娜二世统治末期，叶卡捷琳娜二世由于对儿子的厌恶和失望，私下秘密起草了一份诏书，宣布废除保罗的皇位继承权，立亚历山大为未来的新沙皇。并且晓谕天下：只有亚历山大才有即位的权力。然而，亚历山大并不愿意绕过父亲来直接接受祖母的遗愿坐上沙皇的统治宝座。于是他曾经向自己的父亲保罗写了一封信，信中十分委婉地说明自己不愿当沙皇的想法，并说祖母立自己为皇帝的晓谕是传言。然而，在1796年11月4日，叶卡捷琳娜二世突然中风身亡，亚历山大整日守在祖母的身旁。保罗听到自己母亲的死讯后，急忙赶来，目的不是为母亲送终，而是来搜查叶卡捷琳娜二世留下的谕诏，谕诏得手后，保罗将其付之一炬。就此，保罗顺理成章地登上了皇位。此外，保罗一世又陆续给亚历山大加封大量官衔：谢苗诺夫近卫团炮兵上校、圣彼得堡禁卫军总督、枢密院军事委员会主席、圣彼得堡步兵骑兵师和芬兰步兵师钦差巡检等等。但是保罗一世即位之初，便大反其母叶卡捷琳娜二世的政策而行之，削弱军人地位及其作用，加强书报检查，实行恐怖统

☆ 亚历山大一世

治，致使全国上下怨声载道。

昏庸残忍的统治者必将被推翻，这是历来必然经历的一种变革。1801年3月11日，发生了宫廷政变，早已难以忍受保罗一世残暴统治的密谋集团在夜里闯入皇宫将保罗一世杀死。于是，亚历山大一世的时代便开始了。

对于宫廷政变造成的保罗一世的死亡，有关亚历山大一世是否参加了此次宫廷政变，造成保罗一世的死亡，历来众说纷纭。

有人认为亚历山大事先了解反对保罗一世的密谋活动，当初副首相潘宁曾隐晦地将密谋集团的计划向亚历山大透露，虽然遭到亚历山大的拒绝，但他也并未加以制止，而是置身其外，静观事态发展。

也有人认为亚历山大直接参与了密谋策划活动，甚至在宫廷政变之时其弟康斯坦丁还亲自参加暗杀活动。但这些说法都无从证明。

此外，还有人提出了反对观点，他们认为保罗一世之死与亚历山大并无关系。毕竟他是唯一的皇储，似乎没有必要做这样违背天条的事情。

无论保罗一世是不是亚历山大杀死的，也无论亚历山大有没有篡位，在封建专制制度下，如果最高统治者使人们积怨太深又不愿自行让位，那么取而代之的办法只有密谋政变，况且这在俄国宫廷已成惯例。保罗一世之死也便是必然的。

·知识链接·

亚历山大一世：

亚历山大一世·巴甫洛维奇（1777－1825）。俄国皇帝保罗一世的长子。出生在圣彼得堡。1801年成为俄国皇帝。亚历山大与拿破仑皇帝签订了《提尔西特和约》，但仍然不可避免地卷入了反法战争。1811年亚历山大在莫斯科击败了拿破仑的60万大军，1814年和1815年分别在莱比锡和滑铁卢打败法军，迫使拿破仑两度退位。此后亚历山大一世成了欧洲的保护者和英雄。他信仰神秘主义，受奥地利首相梅特涅的影响很深。1825年与伊丽莎白·阿列克谢耶夫娜皇后到塔甘罗格疗养，结果离奇地死在那里。亚历山大娶巴登公主路易莎·玛丽娅·奥古斯塔（伊丽莎白·阿列克谢耶夫娜）为妻，他们只有两个女儿，他的王位由弟弟尼古拉大公继承。

梅林宫的悲剧

悲剧是凄惨的，梅林宫奥匈帝国的皇太子之死更是一场历史上无厘头的惨案，是爱情悲剧？是政治悲剧？还是心理战术的悲剧？

18 89年1月30日早晨，人们发现奥匈帝国的皇太子死于屋内：他半躺在床上，头骨已经被子弹炸开，手上有一支手枪。床上还有另一具尸体——钟情于皇太子的玛丽·维兹拉。

根据奥匈帝国皇帝弗朗索瓦·约瑟夫的命令，两位著名医生对皇太子的尸体做了解剖检验。他们的报告确认皇太子是"因一时精神错乱而自杀"。但是弗朗索瓦·约瑟夫根本不相信，因为他是唯一知道儿子开枪自杀原因的人。然而直到弗朗索瓦·约瑟夫去世，他也没有说出这个原因。

有人认为皇太子与他的女友自杀是一场爱情悲剧。据说皇太子鲁道夫在16岁的时候就和比利时公主斯德法妮订了婚，但是婚后的生活并不幸福，尤其是斯德法妮在生了一个孩子之后不能再生了，让鲁道夫感到失望，此后就一直想和斯德法妮离婚，但是弗朗索瓦·约瑟夫不同意他离

婚。为了达到离婚的目的，鲁道夫甚至没有询问弗朗索瓦·约瑟夫就向罗马教皇提出离婚的请求。后来教皇将这事告诉了弗朗索瓦·约瑟夫，他十分生气，并告诉鲁道夫离婚是痴心妄想。鲁道夫彻底陷入绝望之中，于是他开始放纵自己，整天寻欢作乐。

1887年末，在一次舞会上鲁道夫认识了玛丽·维兹拉。她对鲁道夫一见钟情，并疯狂地爱上了他。玛丽·维兹拉曾在几个月内写了数十封情书送给鲁道夫，鲁道夫逐渐被玛丽·维兹拉感动，两个人之间的感情逐渐升温，甚至到了一分钟也不能分开的地步。皇太子妃斯德法妮为此经常和鲁道夫吵架，这让二人的关系简直到了冰点。鲁道夫有一次愤怒地对斯德法妮说："既然没有解决的办法，那我只好先杀了你，再自杀。"因此弗朗索瓦·约瑟夫非常头疼这些事情，他不得不警告儿子，让鲁道夫为了皇室的稳定与玛丽·维兹拉断绝关系。

解不开的历史谜团
jiebukaidelishimituan

1889年1月28日，鲁道夫写了几封信分别交给了斯德法妮、他的妹妹、他的母亲以及一些朋友。随后他动身去了梅林宫。没有多久，玛丽·维兹拉也被送入了梅林宫。

在皇太子自杀前的晚上，他曾给仆人写了一张便条，让他去找一名牧师为他祈祷，要他"把我和女男爵合葬在一起"。悲剧发生后，人们从皇太子写给妻子的信中看到这样的话语："你终于在我的羁绊之中和我为你带来的痛苦之中解脱出来了，祝你万事如意……"人们还从玛丽·维兹拉写给她妹妹的遗书中也读到大致相同的意思。因此，很多人认为，奥匈帝国的皇帝弗朗索瓦·约瑟夫对儿子的逼迫，让鲁道夫选择了与情人殉情的绝路，以此来得到解脱，摆脱不幸的婚姻。

也有人说是因为政治原因迫使皇太子自杀的。因为鲁道夫作为皇位继承人，自幼受到不同的教育。他的老师无疑都是奥匈帝国最出色的，但皇帝却忽略了这些人的政治观点。据说，鲁道夫曾经和一位被弗朗索瓦·约瑟夫长期流放，并参加过革命的人学习，显然这位老师是对奥匈帝国的政治非常不满的。因此，鲁道夫受他的影响，曾匿名在奥地利报纸上发表过抨击奥地利贵族制度的文章。这些行为让他每一次外出都有一些伪装的警方人员跟踪，他的住处也受到监视。

传说鲁道夫还曾答应只要匈牙利人起兵反对他的父亲，他就会宣布奥匈分治，而他可以就任匈牙利国王，因此鲁道夫是出于政治原因自杀的。但是这并没有确切的证据。

有人说，在鲁道夫自杀的当天，弗朗索瓦·约瑟夫曾经紧急召见过鲁道夫，并且谈了一个半小时，可能这一个半小时的谈话内容正是导致鲁道夫自杀的直接原因。但是除了皇帝，谁也不知道他们到底谈了什么，随着弗朗索瓦·约瑟夫的逝世，一切都成了永远解不开的谜。

·知识链接·

奥匈帝国：

奥匈帝国是存在于1867年至1918年间的一个中欧共主邦联国家。当时的匈牙利王国与奥地利帝国组成"帝国议会所代表的王国和领地以及匈牙利圣斯蒂芬的王冠领地"联盟，匈牙利国王与奥地利国王是同一个人。匈牙利对内享有一定程度的立法、行政、司法、税收、海关等自治权，外交和国防等对外事务方面则与奥地利一样，统一由帝国中央政府处理。奥匈帝国是匈牙利贵族与奥地利哈布斯堡王朝在争取维持原来的奥地利帝国时所达成的一个折中的解决方法。

希特勒是纳粹党的主席和德意志第三帝国的元首，是第二次世界大战的元凶。第二次世界大战期间人们对他的罪恶行为深表愤恨，很多人不惜牺牲自己的生命试图暗杀希特勒，但是都没能成功。为什么希特勒能够逃过那么多次暗杀呢？

希特勒是第二次世界大战时期发动侵略战争的纳粹德国的头目，在他一生中，有很多人都曾想暗杀他，但都被他逃掉了。有人统计，希特勒曾至少逃过20次暗杀，但是却没逃过自杀的结局。不知道这是不是上天给他的一个嘲笑呢。

1938年11月9日，希特勒来到德国慕尼黑，纪念他在15年前发起的"啤酒馆暴动"事件，很多人都站在大街旁边等待纳粹元首的到来。在这些人中，有个名叫毛里斯·巴瓦乌德的瑞士男子。他的口袋中藏着一把手枪，他想把这个杀人狂魔杀了。然而，当希特勒从巴瓦乌德面前经过时，他身边的人群都伸出右手向希特勒行纳粹礼，巴瓦乌德被人群拥挤着，根本看不见希特勒，更不用说杀希特勒了。

没有暗杀成功，巴瓦乌德决定回家。然而他以为刺杀希特勒之后必死无疑，所以根本没有带够回家的钱，于是

☆ 希特勒

他决定爬火车回家。但被检票的人员逮住并且交给了盖世太保。盖世太保发现了他的手枪以及希特勒的活动路线图。最后巴瓦乌德被纳粹砍头处死。

1939年，一名仇恨希特勒的德国人在希特勒将要演讲的啤酒馆里埋下了一个炸弹。本来，希特勒讲演结束的时间是晚上9：20，炸弹也会在那一刻爆炸，但是意想不到的是希特勒在9：07就结束了演讲，炸弹在他离开13分钟后准确爆炸。后来这名德国人也被处死。

此外，德国军官因为无法忍受希特勒的残暴，也进行了好几次暗杀。在1944年7月20日，希特勒在东普鲁士大本营"狼穴"中召开会议，37岁的德军上校斯道芬伯格将盛满炸药的手提包放在会议桌子底下，想炸死希特勒。他找借口打电话离开会议室，几分钟后，炸弹爆炸，造成三人死亡，数人受伤，但希特勒却只受了轻微的小伤。

纳粹狂魔希特勒为什么可以逃避这么多次暗杀呢？有人说是巧合，有人说是希特勒安插了奸细，将所有的暗杀都告诉了希特勒。但是希特勒如果预先知道有人要暗杀他，他还会亲自去送死吗？还有人说希特勒有很多的替身，那么，在出席没有绝对安全保障的场所的时候，会不会是替身代替希特勒出席呢？这样就能让他躲避一大部分的暗杀。

因为希特勒奇迹般地逃过了这些暗杀，他自己都觉得是为了某种使命而受到"上天的庇护"。当然，这样一个杀人不眨眼的人类罪犯，他不可能受到上天的庇护。但是他如何逃脱20多次的暗杀，至今还是个谜。

·知识链接·

希特勒独特的身世：

1889年4月20日晚上6点半，在流经奥地利和德国巴伐利亚边境的莱茵河河畔奥方的布劳瑙小镇的一家名叫波默的小客栈里，一个名叫克拉拉的年轻妇女生下了一个男婴。由于克拉拉前面生的三个孩子都早早夭折了，所以她对这个儿子就特别疼爱。这个男孩就是阿道夫·希特勒。

阿道夫的父亲阿洛伊斯是布劳瑙边境小镇的海关官员，是一个42岁的农妇和流浪磨工的私生子。阿道夫的母亲是阿道夫父亲的侄女。阿洛伊斯结婚时，已经49岁，新娘刚25岁，这是阿洛伊斯第三次结婚。此前他有过两次不幸的婚姻。阿道夫是他此次婚姻的第四个孩子。也可能是这种在世人看来极为奇特的身世来历和血缘关系，造就了希特勒的与众不同的气质和性格。

查理大帝的加冕事出偶然吗？

皇帝加冕是一件举国上下欢乐庆祝的事情，查理大帝的加冕却不免让人感到有些疑问……

公元800年，欧洲历史上赫赫有名的"查理大帝"在意大利的罗马城加冕为罗马的皇帝，这一件事一发生，引起了很大的轰动，查理大帝的登位，让整个罗马的政治格局都发生了极大的变化，因此，查理大帝的加冕对欧洲具有十分深远的影响。

公元742年，查理出生于法兰克王国的名门贵族家庭。祖父查理·马特是墨洛温王朝大权实握的宫相，以打败阿拉伯人的进攻和实行采邑改革而闻名遐迩。父亲"矮子丕平"于公元751年与教皇相勾结，废黜了墨洛温王朝的末代国君，取而代之，创建了加洛林王朝，成为加洛林王朝的第一代国君。作为王子，查理从小就经常跟随在父亲身边，或出入宫廷，或巡行全国；或骑马打猎，或从军作战，受到政治上和军事上的锻炼。他身材颀长，体格强壮，双目大而炯炯有神并且精通武艺，骁勇善战，在军事方面是一个天才。

公元768年，查理继承其父"矮子丕平"的王位。这时，正是西欧封建化过程急剧进行之际。随着封建化的发展，封建贵族迫切要求向外扩张，掠夺土地和财富。因此，查理即位后，即开始了大规模的征服战争。他在位46年，先后发动50余次征服战争。公元774年他吞并了伦巴德王国；公元778年和公元801年他两度进攻西班牙，建立了"西班牙马克"；公元772－804年多次进攻萨克逊人，使其皈依基督教并夺取易北河流域广大土地，公元787年和公元801年两次出兵西班牙，夺得尼布罗河以北土地，建立西班牙边区，公元787年占领巴伐利亚，公元796年征服多瑙河中游的潘诺尼亚。9世纪时，查理曼帝国的版图东起易北河，西至大西洋沿岸，北濒北海，南临地中海，占有西欧大陆的绝大部分土地，几乎相当于古代西罗马帝国版图。

公元800年圣诞节，教皇利奥三世

解不开的历史谜团
jiebukaidelishimituan

在罗马圣彼得大教堂为查理加冕并涂圣油，这样，在西罗马帝国灭亡300多年后在它的领土上又建立了一个"罗马人的帝国"。从此，法兰克王国被称为"查理帝国"，查理国王变成了"查理大帝"，亦称"查理曼"，亦即"伟大的罗马人的皇帝"。此举意义重大，这意味着查理已不再单纯是征服者日耳曼蛮族国家的国王而是日耳曼－罗马人的皇帝，并且是上帝认定的罗马皇帝的合法继承人。至此查理曼的权力范围已经扩大到了整个欧洲。

此时，查理曼帝国的国际地位空

☆ 查理大帝

前提高，查理曼帝国与许多国家建立了邦交关系，甚至东罗马帝国也承认查理曼的皇帝地位。查理称帝后，极力强化中央集权统治。为了加强对庞大国家的有效统治，查理任用贵族和主教进行统治，同时，继续推行采邑分封制度。帝国境内的所有官员和主教（包括修道院长），一般都要从皇帝那里领受采邑即封土，成为皇帝的封臣，同时，作为接受采邑的条件，他们都要向皇帝宣誓效忠。帝国的中央政权除由皇帝亲信组成的枢密会议外控制，还有贵族大会，每年召开一至两次贵族大会，讨论中央重大决策。为了管理地主，中央经常派遣巡按使监督地方。地方设若干伯爵区，皇帝任命伯爵进行统治，伯爵拥有行政、司法、税收和军事等大权。形成以国王为首的伯爵等大封建主，再下是中小封建主，构成一系列封建等级制度，这些都为后来西欧封建社会所承袭。

查理的加冕，是世界中世纪史上意义重大、影响深远的一件大事，它奠定了王权对西欧进行统治的政治思想基础。但是，查理大帝的"加冕"曾引起史学家的热烈争辩。据为查理作传的爱因哈斯所述，查理对"加冕"一节事前毫无所知，因而对立奥三世的做法感到突兀，并且很反感。事情结果真如此吗？现代许多西方历史学家对此表示怀疑。

有人认为，查理既拥有至高无上的权力，又能严密控制局势，绝不可能容许心非所愿之事，从当时立奥三世的处境看，他也绝不敢做冒犯查理的事。有的史学家则强调指出，公元800年时，拜占庭（即东罗马帝国）正缺少一位皇帝，查理曾向拜占庭皇后艾琳商谈联姻事宜，未能如愿。这一事实也足以表明查理对拜占庭的"帝冠"是感兴趣的。另外，在立奥三世给查理戴上皇冠时，查理立即受到在场的罗马贵族和僧侣的热烈欢呼和拥戴，显然这一事件是经过精心策划的。因此，爱因哈德说查理对"加冕"事前毫无所知，纯属偶然事件，很难令人置信。

对于查理加冕，有人认为爱因哈德的记述是有一定可信度的。因为此人学识出色，才智过人，20岁时即被查理延聘到宫中供职。一生中大部分时间都跟随查理左右，掌管秘书，参与机要，还几次衔查理之命出使国外，深得查理的宠信。在查理死后，他还继续留在"虔诚者"路易的宫廷，恩宠不衰。由于爱因哈德的优越身份和特殊地位，使他对查理的行为举止和宫廷内幕了如指掌。他本人在自序中曾这样说道："我认为没有人能够比我更真实地记述这些事情。"同时代的学者瓦拉夫里德·斯特拉博也曾称赞他"提供了丝毫不假的真实情况"。因此，他撰写的《查理大帝传》是建立在亲身经历的基础上的，具有可靠的史料价值，其中对"加冕"的记述，应当说是可信的，不能视为杜撰之语。我国的有些教科书也倾向于这种观点。如朱寰先生主编的《世界中古史》在叙述这一事件时也正与爱因哈德记述内容互相吻合。因此，爱因哈德所说的并非无稽之谈。

查理加冕究竟是出于偶然还是一场精心设计的事件，史学家们对此问题表示十分关注，期望解开其中隐藏的玄机，但是，目前还没有确凿的证据证明其中任何一点，因此查理加冕成为历史上的一个未解之谜。

·知识链接·

查理曼大帝：

查理曼大帝（742－814），或称为查理，卡尔大帝，法兰克王国加洛林王朝国王，神圣罗马帝国的奠基人。他建立了囊括西欧大部分地区的庞大帝国。公元800年，由罗马教皇加冕"神圣罗马帝国开国皇帝"，号为罗马人皇帝。他在行政、司法、军事制度及经济生产等方面都有杰出的建树，并大力发展文化教育事业。是他引入了欧洲文明，他被后世尊称为"欧洲之父"。

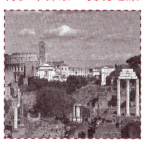

第四章
揭开真面目

虚伪与善意之间只有一念之差，真正的虚伪与虚假的善意并没有多大的区别，表面上的善意并不能掩饰内心的虚伪。探讨人类历史上的虚伪与善良，撕开伪善的真正面目是研究世界历史的一个重要课题。

所谓"史料"与"史书"有许多不实之处。这就给后人带来很多疑惑，使得人们无法再相信"历史"。因此，还历史本来的面目既是一件必经的，又是艰难的事情。

《田中奏折》是真是假？

在20世纪的国际关系和战争史上，许多重大事件都充满了神秘莫测的传奇色彩。其中，日本侵华史上著名的《田中奏折》事件，在当时国际上引起强烈震动，而时至今日却仍然是一个扑朔迷离、难明真相的"历史公案"。

中国南京的《时事月报》于1929年2月刊出了一条震惊世界的新闻，其中公开披露了《田中奏折》的主要内容："如欲征服支那，必先征服满蒙；如欲征服世界，必先征服支那。倘支那完全被我征服，其他如小中亚细亚及印度南洋等，异服之民族必畏我敬我而降于我，使世界知东亚为我国之东亚，永不敢向我侵犯。"

《田中奏折》的炮制者田中义一是一个狂热主张扩大侵华战争的军国主义者。1927年4月，田中义一担任首相不久，就主持召开了一个研究积极侵华政策的内阁会议——"东方会议"，对当时中国的现状和日本侵占中国的步骤进行了详细的研究，最后田中发布了《对华政策纲领》。

"东方会议"的召开引起了全世界的注意。但由于这是一次极为机密的会议，因此，摸清"东方会议"的具体内容，就成为国际社会的一项重

☆ 田中义一

要任务。没想到事隔不久，从日本又传出一则消息，说田中义一在"东方会议"后，向天皇呈递了一封秘密奏折，后人称之为《田中奏折》。这道奏折全面阐述了日本大陆政策的计划步骤。

解不开的历史谜团

jiebukaidelishimituan

当国人读到这期月报时，《田中奏折》的发表无疑像一枚定时炸弹深深地震撼了中国人。全世界也一片哗然。因为当时日本正策划在中国有所动作。继1927年出兵山东后，日本还打算在东北有新的进展。但究竟日本对华是何用心？它的胃口有多大，绝大多数中国人都不清楚但又急于想弄清楚。

但是日本当局立即否认有此奏折，并对外一致声称《田中奏折》为伪造之物，旨在污蔑大日本帝国。日本当局许多的当事人还都先后出面发表讲话声称从未见过此奏折。日本的学者也跟着推波助澜，叫嚣《田中奏折》纯属伪造。

那么《田中奏折》是否真有其事呢？既然它是田中递给天皇的秘密奏折，中国方面又是通过什么途径搞到的呢？这要从两个人谈起。一个是在日本亲手抄录《田中奏折》的当事人蔡智堪，另一个是得到《田中奏折》抄本并加以翻译和发表的当事人王家桢。

蔡智堪是台湾人，年轻时曾在日本的早稻田大学学习，毕业后往返于日本、南洋经商。他早年曾参加过同盟会，是一位爱国者。他与张学良的秘书王家桢是好朋友，曾多次把自己从日本上层人士那里得到的消息，通过王家桢转给张学良。

1928年6月，蔡智堪收到王家桢的一封密信，希望他能设法搞到《田中奏折》。于是，他利用日本政派之间的矛盾，化装成一个补册工人潜入皇宫书库，用透明的绘图纸蒙在田

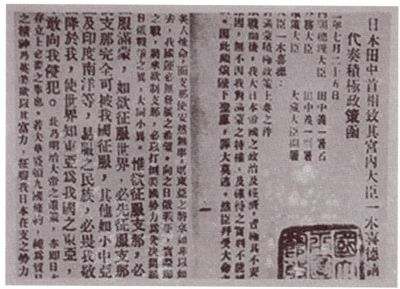

☆ 田中奏折的部分内容

中的奏章上，将长达67页的奏折描摹下来，并亲自送到了王家桢手上。1929年，北京大学爱国学生纪清漪得到此稿后，集资印刷了5000册，发往各地。激起全国人民的抗日情绪。12月，《时事月报》发表了《田中奏折》全文，将这个充满侵略野心的丑恶文件推到光天化日之下。

《田中奏折》公开后，日本政界名人松冈洋右、犬养毅等人发表谈话，一直矢口否认，坚持《田中奏折》是伪造的。当时这份文件被翻译成中文版本时，由于翻译质量的原因，中文版本有若干明显的缺陷和谬误，日本方面有一些人即认为这是"伪造的痕迹"。自那时起直到现在，这份奏折是否真的存在过一直存在争议。关键是没有见到原本，因此日本方面根本否认有这个奏折。

但日方的行为却说明《田中奏折》确有其事。日本方面在奏折公开的第二天，就将当时书库的官员全部免职，蔡智堪也遭到拘捕，身陷囹圄，财产损失殆尽。而日本自1927年以后采取的一系列侵略扩张行为，则与《田中奏折》中所作的战略规划如出一辙，没有丝毫偏差。这又作何解释呢？

关于《田中奏折》真伪的争论一直没有间断过。其实，无论日本承认与否，历史已经有力地证明了日本军国主义者想要征服中国乃至称霸全世界的野心。就连战前参与历次重大侵华活动的重光葵战后在监狱里写的《昭和之动乱》一书中也对此有过承认。日本军国主义的罪恶历史是永远洗刷不掉的，因此要想消除《田中奏折》存在的疑惑也是十分困难的。

·知识链接·

田中义一：

田中义一（1864－1929），山口县人，日本陆军大学毕业，继山县有朋之后长州藩第二代领导人，陆军大将。政友会第五任总裁，日本第26任首相，臭名昭著的《田中奏折》的首要炮制者。作为军人政治家有超群的策划能力和良好的视野，长期在日本军政两界呼风唤雨，田中在积极推行对华侵略政策的同时，在国内实行高压政策。昭和天皇借口在炸死张作霖事件上，他的上奏前后矛盾，将其罢免。

☆ 东方会议现场

"加尔各答黑洞事件"之谜

历史的变迁、时代的演化必将要有人作出牺牲，流血冲突事件时有发生，而且在所难免，然而，"加尔各答黑洞事件"中丧生的人究竟有多少？这个问题在人们的心中一直很困惑。

18世纪的孟加拉是当时印度莫卧儿帝国所辖下的一个封建小国。由于英国殖民势力的逐渐渗透，孟加拉的封建统治与印度其他地方一样在迅速地衰落。为了控制这种局面，国王阿利瓦迪汗力图重建规范的政治制度，消除封建腐败，但收效甚微。1756年4月9日，阿利瓦迪汗病逝，由于他膝下无子，因此在临终前指定自己最喜欢的外孙道拉为继承人。这个决定遭到他其他女儿的嫉妒与反对。为阻止这个决定，他的大女儿加西蒂和二女儿的儿子邵卡·特姜格与英国人秘密联系，寄希望于英国，企图得到英国的支持。

道拉最终排除干扰，艰难地登上了王位。可他的日子并不好过，表兄弟们时刻窥视着他的王位，英国人则完全不把他放在眼里。在没有取得道拉许可的情况下，英国人不仅在加尔各答的旧炮台上架起了大炮，还在一旁修筑了新的炮台。然而，这位二十来岁的青年人，血气方刚。他对英国东印度公司商人在孟加拉境内滥发许可证、勾结贪官污吏和擅自在公司的总部加尔各答的威廉堡修筑工事、架设炮台种种违法行径，深感不满。为维护其尊严和权力，打击周围的亲英势力，他决定先发制人，把一批英国商人驱逐出境。为了孤立道拉，英国贿赂和收买了许多正在被新国王调查、追究的孟加拉腐败官员，并对他们实行保护。

道拉对自己身边发生的这一切既感到震惊，又非常愤怒，他勒令英国人拆除设在加尔各答城内的防御工事，并交出受他们庇护的一些贪官污吏，可英国人对此却置若罔闻。为了维护自己的尊严和国家的利益，道拉决定采取行动，把英国人从孟加拉赶出去！

1756年6月4日，他亲自率兵，占领科辛巴萨的英国商馆。翌日，又进军加尔各答。6月20日，兵临城下。加尔各答东印度公司负责人德雷克和威廉堡守军长官霍威尔稍作反抗后，即弃城投降。这样，道拉毫不费力地占领了加尔各答。

在得知道拉要率兵攻打加尔各答之前，城内的英国妇女与儿童就已经转移了。道拉军队进城后，那些来不及逃跑的英国人和士兵都成了俘虏。道拉在胜利夺取加尔各答后，当天就返回了自己的驻地穆尔希达巴德，善后及留守事宜由他的部将曼尼克金德全权处理。没曾想，就在当天晚上，一件意外的事情发生了，并由此改变了孟加拉的命运。

☆ 加尔各答的维多利亚纪念馆

据说，在道拉的军队占领加尔各答后的翌日凌晨，英国殖民军官克莱武和沃尔森就率领一支3000人的队伍从马德拉斯出发，重新攻占了加尔各答。当他们打开那间关押着英国俘虏，只有一扇小窗、潮湿阴暗的房屋时，发现被俘的146名英国人中有123人因窒息死亡。这就是"加尔各答黑洞事件"。消息很快传到英国，在英国国内引起了轩然大波。

6月23日，在距加尔各答83千米的普拉西，英国军队同道拉率领的孟加拉军队展开了激战。由于英军事先秘密收买了道拉手下的将军贾法尔，贾法尔临阵叛变，孟加拉军受到惨重的损失，英国人大获全胜。几天后，道

拉也惨遭杀害。这次战斗为英国殖民者野蛮征服印度和南亚次大陆提供了借口，也是大英帝国在南亚次大陆殖民"事业"的开端。孟加拉从此沦为英国的殖民地。

对于"加尔各答黑洞事件"中到底有多少英国人丧生，引起了不少史学家们的关注。英国著名的印度史专家珀西瓦·斯皮尔在他所著的《牛津印度近代史》中指出，所谓"黑洞悲剧"未必可信，这件事也并不能把全部罪过归咎于道拉，因为在事件中许多被不少人认定的"事实"，其实只出自当事人霍威尔一人之口。

同样，在 R·C·马宗达、U·C·赖乔杜里和卡利金卡尔·卡塔合著的《高级印度史》中，也认为"黑洞悲剧"的真实性值得怀疑。到底那些死者是不是真的由于窒息而死还说不清楚。

而在巴基斯坦学者拉希姆所著的《巴基斯坦简史》中则指出，根据当时的另一位当事人——加尔各答东印度公司负责人德累克的说法，被俘的英国人只有39人，其中有16人在那天晚上死亡。

"加尔各答黑洞事件"中另一矛盾的地方是：这间"黑牢"（一度曾用作军事监牢）到底有多大，致使一夜之间146人中竟有123人窒息而死。较多的说法是，这146人被关在一间1.858平方米的房间内，四周漆黑，只有一扇小窗供通气。所以到第二天一早闷死这么多人。根据印度学者巴哈塔查利亚著的《印度历史词典》中关于"黑洞事件"条目的释文，这间"黑洞"长5.4864米，宽4.2926米。然而，据印度文献目录学家夏尔马所编《印度争取自由斗争百科词典》的有关"黑洞"条目的论述，它仅仅1.6722平方米大。如果真是如此，那是绝不可能容纳下这么多人的。由此可见，霍威尔的口述言过其实，令人难以置信。很显然，霍威尔的说法是别有用心的。

至于"黑洞事件"中究竟死了多少英国人，史学家们众说纷纭，因此，"加尔各答黑洞事件"至今也还是一个疑团。

·知识链接·

莫卧儿王朝：

莫卧儿王朝，1526－1858年统治南亚次大陆绝大部分地区的伊斯兰教封建王朝，又名蒙兀儿王朝、莫卧儿帝国，是巴布尔建立的印度朝代。该帝国的官方语言是波斯语，但是统治者是有突厥血统的蒙古人，是帖木儿的后裔。

纳粹为什么要杀害犹太人？

千年易过，纳粹法西斯的罪孽难消。虽然世界历史上种族歧视乃至迫害的例子并不少，但显然二战中纳粹德国对于犹太人的迫害是最黑暗、最残忍的，特别是这样的迫害还是发生在已经进入文明时代的20世纪。这是人类历史上最黑暗的一页。

希特勒是个极端的种族主义者和反犹太主义者。他把犹太人看做是世界的敌人、一切邪恶事物的根源、一切灾难的祸根、人类生活秩序的破坏者。这些观点成了希特勒后来屠杀数百万犹太人，企图灭绝犹太人的理论依据。

从1941年6月德军入侵苏联以后，党卫队最早在侵占的苏联领土上开始了灭绝犹太种族的行动。而1942年1月纳粹官员在柏林附近的万湖举行的会议，更确定了要把全欧洲能抓到的1100万犹太人全部消灭的政策。德国先后在占领地如波兰、立陶宛、乌克兰建立了集中营，把从占领区和仆从国抓到的犹太人成批运到这些死亡集中营中，送到伪装成浴室的毒气室里杀死，然后焚尸灭迹。这种令人发指的行为一直持续到德国投降。根据纽伦堡国际军事法庭起诉书上的数字，

整个二战期间，被纳粹德国杀害的犹太人有570万人，而后来种种数据显示，这个数字显然还是被缩小了，一般说法为600万人。

关于纳粹为什么要屠杀犹太人，目前仍有多种说法。

第一种说法：宗教原因。《圣经》里认为耶稣是犹大背叛后才被钉死在十字架上的，而犹大是犹太人，绝大多数欧洲人是基督教徒，因此，出于宗教情感，犹太人便成了大众厌恶的对象，甚至发展到仇视，直至屠杀。

第二种说法：现实需求的原因。1929－1933年资本主义世界经济危机爆发，德意志等国家寻求经济的发展，当时，犹太人凭借自己的聪慧和勤劳在经商方面做得很成功，因此，犹太人便成了当时德意志国家垂涎三尺的对象。这也必将引起一场空前浩大的经济掠夺，最终导

致生命的丧失。

第三种说法：狭隘的种族优劣观点。纳粹政权和希特勒一直鼓吹"日耳曼人是世界上最优秀的民族，而犹太人则是世界上最劣等的民族""犹太人不是人"等等荒谬的观点。在这种愚蠢的种族观念影响下，纳粹德国大肆屠杀犹太人。

第四种说法：狂暴的病态心理。希特勒是奥地利海关一个小官吏的私生子，从小缺乏良好的教育，青少年时期整天流浪于维也纳和慕尼黑街头，这些都铸就了他既自私又狂妄的性格。正如他小时候的一位班主任老师后来回忆所说的那样："希特勒缺乏自制力，至少被大家认为性格执拗、刚愎自用、自以为是和脾气暴躁。"加上他患有痉挛性的神经质，发起癫狂来甚至会趴在地上啃地毯边。从有关史料上可以看出，狂暴是希特勒性格的典型特征。这些造就了他的狠毒和残忍，希特勒是一个有着严重病态心理的政治狂人。

第五种说法：与希特勒的个人经历有关。因为在实行独裁以后，希特勒本人的态度对于屠杀犹太人政策的确立有着举足轻重的作用。根据一些二战研究专家的考证，希特勒的母亲死于癌症，诊治她的是一个犹太医生，而希特勒本人有可能认为母亲

的死是由于犹太医生的误诊造成的，于是恨屋及乌，迁怒于全世界的犹太人。然而，最令人不解的是，希特勒本身居然也有四分之一的犹太人血统。一个流着犹太人血液的人怎么能下得了手杀死那么多犹太人呢？确实令人费解。

那么，究竟是什么原因促使纳粹推行这场疯狂的反犹灭犹政策，造成人类历史上一个民族屠杀另一个民族的罕见浩劫，给犹太人带来如此悲惨的结局的呢？目前还没有足够的证据来支持以上这些说法，因此，希特勒这一疯狂举动的面纱还有待史学家们进一步揭开。

·知识链接·

第二次世界大战：

第二次世界大战（1939年－1945年）是一场以德、意、日法西斯等轴心国为一方，以反法西斯同盟和全世界反法西斯力量为另一方进行的一次全球性战争。先后有61个国家和地区，数十亿以上人口被卷入战争，作战区域面积超过2200万平方千米。战争使近7000万人无辜丧生，它改变了世界政治版图，确立了战后美苏对立的冷战格局。

"傻子"皇帝克劳狄真傻吗?

罗马皇帝克劳狄因其相貌丑陋、寡言少语,被不少史学家称为"白痴"。傻子居然也可以当皇帝?这位罗马帝国的皇帝到底是真傻还是装傻?这已成为历史上最富有争议的话题。

古罗马帝国皇帝克劳狄(前10－54)是罗马历史上唯一一个以"愚钝"闻名的皇帝,其父亲是罗马行省高卢的首府鲁恩的总督,名叫德鲁苏斯。克劳狄童年和少年时期常患疾病,无情的病魔不仅损害了他的健康,毁坏了他的外貌,而且影响了他的智力和思维的正常发育。他行动迟缓,很像一个白痴儿。因此他饱受歧视、冷眼和嘲笑。就连他母亲也常用一句口头禅来形容别人傻:"比我儿子克劳狄还傻。"公元41年,罗马皇帝盖乌斯被近卫军在皇宫里刺杀。当时已经50多岁的克劳狄目睹了这一切,吓得躲在窗帘后面瑟瑟发抖。尽管如此,这个常常被别人冷眼歧视而默默无闻的"傻老头"克劳狄竟时来运转。由于近卫军见他貌似痴呆且胆小怕事,就恶作剧般地拥立他为皇帝。但罗马帝国的元老却不敢相信他们要立一个"傻子"统治罗马。但由于罗马的政治和权力都被近卫军和军队控制,他们不得不宣布克劳狄是新一任的罗马皇帝,并将皇帝的一切权力和头衔都授予了这个他们难以接受的人选。从此,罗马史上唯一的"傻皇帝"克劳狄便登上了宝座,开始了长达13年的统治。人们不禁要问,当时罗马已经成了一个以地中海为内海,跨越亚、非、欧三大洲的大帝国,一个"傻子"怎么会统治这么长的时间呢?他是被人操控的傀儡吗?

据史料记载,看上去很痴呆的克劳狄在政治上有很大的建树。之前由于盖乌斯的胡作非为,罗马帝国已经陷入了快要瓦解的状态。克劳狄上任后的第一件事情就是赏赐拥戴他的人,由此缓和了军队与皇帝的矛盾。他也以合作的心态与元老们共同商量国家大事,下令取消对被控叛国罪的人的审讯等等。克劳狄还很重视与民众的关系,一上台就宣布废除一些不合理的赋税，向行省居民赠送公民权，提高他们的政治地位，扩大了帝国统治的基础。在外交上，他归还了前皇帝不择手段从希腊弄来的雕像等一些珍贵艺术品；同时又御驾亲征，率领罗马军队横渡泰晤士河，征服了一些重要的城市和小国家。

这些措施给罗马的政治和社会创造了十分和谐的气氛。但就是这样，当时的人们对他的评价也都不一样。与克劳狄同一时期的古罗马最著名的哲学家的塞涅卡曾赞扬克劳狄是恺撒大帝之后最好心的人，但随后他又把克劳狄描绘成暴君、傻瓜。人们不知道这前后两种评论究竟哪个才是塞涅卡的真正评价。后来的史学家也是一边赞颂克劳狄宽厚仁慈，赢得了罗马士兵和人民的热爱；一边又讽刺他只会听从妻子的意见，毫无主见，说他不像个皇帝，更像一个奴仆。克劳狄在公元54年死去，据说是被他的妻子毒死的。

20世纪上半叶西方史学界掀起了一场对克劳狄个性特征、功过是非再度评价、再度研究的热潮。有的史学家认为克劳狄并不是一个白痴、傻子，更不是一个傀儡皇帝；也有人说克劳狄一直在装傻，为的是逃避想要残害他的人。结果学者们各持己见，看法不一。看来要想彻底解开蒙在克劳狄脸上的面纱，只有期待更多的考古资料问世，从而还历史一个本来面目。克劳狄究竟是不是傻子，还是在装傻，也许只有他自己知道吧。

·知识链接·

高卢：

公元前6世纪时，高卢的主要居民为凯尔特人，罗马人称之为高卢人。高卢的西南部住有伊比利亚人，东南部住有利古里亚人。公元前1世纪，高卢人社会仍处于原始公社的解体阶段，部落的氏族贵族拥有大片土地和许多牲畜，破产的平民则依附于氏族贵族。

公元前2世纪，罗马人侵入高卢，征服高卢南部，建立了纳尔博南西斯行省。公元前58－前51年，高卢的其余部分又为盖乌斯·尤利乌斯·恺撒率领的罗马军队所征服。屋大维统治时，把高卢分为4个行省。公元1世纪末－2世纪，高卢经济繁荣，农业、纺织业、冶金业均有发展。城市中点缀着罗马式的建筑物，如神庙、凯旋门、竞技场和剧场，罗马式公路贯穿高卢全境。奴隶制庄园广泛流行。罗马皇帝克劳狄一世统治时期（41－54），高卢地方贵族开始进入元老院。

第二次世界大战的头号战犯希特勒不仅在军事指挥方面有一定的才能，在演讲、政治和冒险方面也十分出色。二战期间他向资深军官进行贿赂，是出于什么目的呢？

希特勒虽然在历史上犯下滔天大罪，但是我们不得不承认他的确是一位才华卓越的军事家，在军事方面的确有超人的天赋。于是有很多人对希特勒在军事方面的行为深表关注，在研究的时候，人们发现，当年希特勒也曾向他的资深军官进行过贿赂。那么这件事的原委到底是怎么回事呢？

在进行研究的过程中，发现希特勒存在许多秘密账户。按照常规，德国两种最高级别的军官按月领取薪水之外的免税补贴，而且其数额是其薪水总额的两倍多。随着时间的推移，这一事实显然不可能逃过某些历史学家敏锐的眼睛。此外，一些新闻记者也展开了其丰富的想象力。与此同时，战争期间希特勒的腐败措施与高级军官抵抗形成了鲜明对比，这也激发了历史学家进一步进行调查的欲望。经过一段时间的深入调查和研

究，许多历史学家更加确信希特勒在战争期间对资深军官施行贿赂的事实。那么我们不禁要问，希特勒作为一名军事指挥家，为什么还要对自己的军官里进行贿赂呢？对于这个问题，史学家们也不能十分轻易地作出解释。

美国俄亥俄州州立大学教授诺尔曼J·W·戈达对这一问题的调查和分析是比较深入的。他认为总的来说，希特勒之所以对某些高级军官采取秘密贿赂措施是基于对他们的忠诚度的怀疑。

早在1938年以前，希特勒就曾唆使他的军官对他发誓，表示对他忠诚不贰，效力终身。但随着国家作战部部长布劳贝格等少数高级军官的被排除，希特勒对其军官的怀疑日益加深。不管1934年军官的宣誓如何，也不管1938年希特勒如何公开宣布军队要以忠诚和服从的姿态为国家效劳，

他始终对军官怀有不信任感。倘若说，1938年作战部部长布劳贝格将军的被排除和其他几位将军的辞职，还只是对他不够忠诚的表面现象，那么，1939年秋，如此多的资深军官反对他在西部发动进攻的主张，以及后来的"华沙溃败"等，才是对他是否忠诚的实质性表现。同年11月，他在一次现役军官集会上愤慨地说，值得怀疑的人在数量上超过了可被信任者。他们或许不能保证他获得既定的军事目标。这种怀疑产生的另一部分因素可能还与个别军官反对德军的野蛮行径有关，其代表人物是布拉斯考维兹将军。1939年10月，他占领波兰并被任命为新的司令之后，对德国警察对平民实行的暴行提出了著名的正式抗议。希特勒看了报道之后的反应是气急败坏。希特勒认为，布拉斯考维兹不赞成军官常有的表现，简直是"孩子气"。

希特勒对于军官是否对他十分忠诚曾经有过怀疑，也正是这个问题曾经一度使他陷入困境。于是，他绞尽脑汁试图把这个问题相对缓解一下，比如说他曾试图用年轻的军官来代替老军官，但结果让他十分失望，并没有达到预期的目的。于是，他最终不得不决定用贿赂的方式来解决这一问题。事实当然可以证明这一切。1940年，尽管西线战事一度取得胜利，但相关问题依然存在，尤其是在波兰和法国实施的"铁血工程"中。他曾想清洗军官队伍，但又担心伤害军队专业人员的能力。即使非流血式的政变"弗里奇"事件，也造成了启用新军

☆ 纳粹标志

官来代替资深军官的困难。最后，希特勒不得不决定，不管其人是否是优秀的纳粹分子，只要有才干，愿意绝对服从，就可以任用。与这一点有关，希特勒正是在1940年的夏季开始施行"贿赂计划"的。根据希特勒的"计划"，只对两级职务最高的军官给予贿赂，如陆军和海军元帅每人每月给予4000马克，陆军和海军上将每人每月给予2000马克。如前文已提过，这些马克是在规定的薪水和正常战时津贴之外的。用体面的话说是对消费的"补偿"。这些钱取自代号为"5号账"的账户，其来源是深不可测的"办事处"，但它可以像被充气的气球一样，迅速扩大，1933年才15万马克，而到战争结束时它已增长到了4000万马克。增长速度之快，简直不得不叫人大吃一惊。

但是，遗憾的是希特勒这样贿赂资深军官并未产生明显的效果。事实上，无论是受到贿赂的军官，还是未被贿赂的军官，他们平时很少谈论此事。就军官的行为而论，有些军官，尤其是一些资深军官，不管希特勒是否给予贿赂，肯定是要做纳粹的榜样的。未受贿赂的军官，并没有什么突出的"消极"表现，受到贿赂的军官也并没有表现出对希特勒更加强烈的忠诚，然而对金钱更加挥霍无度。从这些情况来看，希特勒的贿赂行动似乎并未达到他所设想的目的，换言之，他对资深军官对他忠诚的怀疑似乎是多余的。只能在财政方面给予压力，在他的疑虑方面并没有奏效，所做的一切也仅仅是徒劳。

如果我们仔细再从其他方面想一想，难道希特勒贿赂资深军官仅仅是为了解决他的疑虑吗？就没有其他的原因了吗？即便真是出于疑心而为，那么造成他这种心理的真正原因又是什么呢？可以肯定的是，事情的原因绝非如此简单。但是具体原因如何还需要史学家们经过更加深入的研究才能揭示。

·知识链接·

西线：

二战中德国处于多线作战，主要分为两个战场：西线与东线。西线一般指德国以西德军与盟军的战场。东线，即德军与苏军的战场。

二战同盟国：

同盟国又称反法西斯同盟，第二次世界大战时期建立的国家联盟。参与该联盟的国家主要有美国、英国、法国、苏联、中国、加拿大、朝鲜、澳大利亚、衣索比亚等数十个国家。同盟国集团最终打败了轴心国集团，取得了胜利。

历史上的荷马之谜

历史上有许多著名的人物，但是许多人物由于我们距离其生活的年代相当久远，因此，我们对其了解并不是十分透彻，荷马又是世界历史上的一个谜。

荷马是古希腊盲诗人，生平和生卒年月不详。相传记述公元前12世纪－前11世纪特洛伊战争及有关海上冒险故事的古希腊长篇叙事史诗《伊利亚特》和《奥德赛》，即是他根据民间流传的短歌综合编写而成。据此，人们推断他生活在公元前10世纪－前8世纪之间。

那么历史上是否有荷马这个人呢？《伊利亚特》和《奥德赛》真是他的作品吗？这个问题已经争论很久了。古希腊的著名历史学家希罗多德、修昔底德，哲学家柏拉图与亚里士多德，他们都肯定荷马是两部史诗的作者。直到18世纪初，欧洲人仍然认为荷马是历史上确实存在过的一位远古的伟大诗人。

18世纪初，法国僧正多比雍与维柯开始提出疑问，他们认为荷马并不存在，他是希腊各族说唱艺人的总代表，而不是一个人。他们认为两部史诗前后相隔数百年，不可能是一人所作。

1795年，德国学者沃尔夫也提出观点，认为史诗的每一部分都曾作为

☆ 荷马雕像

独立的诗歌由歌手们演唱，后经多次整理加工，才成为今天的样子。

但德国学者尼奇认为荷马是真实存在的历史人物。他认为，荷马生活的年代应当不晚于公元前9世纪。他认为荷马运用古代民间诗歌的材料，并重新作了加工、整理，最后使之形成一个完整的艺术结构。

有人说荷马是古代希腊在公众场合表演吟诵诗歌的人，即古希腊人所称的"吟唱诗人"。根据是因为希腊人在荷马时代之前不会使用文字。在公元前8世纪中叶，地中海东部的腓尼基人教希腊人学习字母之前，希腊人根本无法书写记载。在荷马以前，故事传说只是凭借口头传播，之所以采取歌谣形式，是为了使"吟唱诗人"容易记诵。较有才能的吟唱者也可以当场即兴发挥，并且，每次表演的细节都不完全一样。每个吟唱者把一首诗歌以自己的方式进行修改，一首诗经过日积月累，就不断有各种发展。《伊利亚特》和《奥德赛》这两部史诗最终写成时，肯定是已历经润色增补的最后的定稿。

读荷马史诗中的一些段落，很有短诗的味道；而且诗中若干事件，发生的时代似乎比其他部分更早，充分表明荷马史诗是经过很长一段时间，由很多"作者"创作完成的。

因此，他们推测就在希腊人从腓尼基人处学会字母，知道如何书写时，一个天赋极高的吟唱诗人荷马出现了，他汇集了大量累积下来的口传诗歌，把它们整理成两部具有丰富内涵的史诗，并用文字记述下来。

有人甚至说荷马是个女人。因为《奥德赛》内容几乎没有涉及战争残酷的一面，所以19世纪英国小说家巴特勒指出：《奥德赛》作者应该是女人而不像是男人！

关于荷马的出生地，说法也不一致。有人说他是雅典一带的人，有人说是希腊北部，有人说是在希腊东部靠近小亚细亚一带……这些说法以东方说较为普遍，也较为可信。多数古代记载说他是西俄斯岛人，或生在小亚细亚的斯弥尔纳，这两处都在爱琴海东边。

关于"荷马"这个名字，西方学者们也有过不少考证：有人说这个字是"人质"的意思，就是说荷马大概本是俘虏出身；也有人说这个名字含有"组合在一起"的意思，就是说荷马这个名字是附会出来的，因为史诗原来是由许多散篇传说组合而成。实际上这些都是猜测。古代传说又说荷马是个盲乐师，这倒是颇为可能的。古代的职业乐师往往是盲人，荷马也许就是这样一位专业艺人。

关于荷马的出生年代也有较多分歧。最早关于荷马的记载，见于残存的公元前6世纪克塞诺芬尼的讽刺诗，但是根据希腊地方志家鲍萨尼阿斯的记载，在公元前7世纪初的诗人卡利诺斯的诗篇里已经有关于荷马的记载，所以荷马这个名字早在公元前8和7世纪已经为人所共知。希腊历史学家泰奥彭波斯说荷马生于公元前686年，这个年份似乎晚了一点。另一个古代传说是说荷马生于公元前1159年，就是说公元前12世纪中叶，这个说法似乎又太早了一点。古代可能有过这一位诗人，其年代大概在公元前10世纪到公元前9和8世纪。现在西方学者根据史诗的语言和它的内容描写，一般认为他可能生在公元前9和8世纪之间。

关于荷马的说法众说纷纭，到底荷马在历史上有没有真实存在过？这个问题成了一个历史上的难解之谜。

·知识链接·

荷马史诗：

《荷马史诗》是相传由古希腊盲诗人荷马创作的两部长篇史诗《伊利亚特》和《奥德赛》的统称。两部史诗都分成24卷，这两部史诗最初可能只是基于古代传说的口头文学，靠着乐师的背诵流传。它作为史料，不仅反映了公元前11世纪—前9世纪的社会情况，而且反映了迈锡尼文明。它再现了古代希腊社会的图景，是研究早期社会的重要史料。《荷马史诗》不仅具有文学艺术上的重要价值，它在历史、地理、考古学和民俗学方面也提供给后世很多值得研究的东西。

☆ 正在吟唱的荷马

"普雷斯特·约翰"其人其国的传说是真实的吗?

历史上有许多传说或者虚构的人或物，那么普雷斯特·约翰又是怎么回事呢？难道这又是传说吗？

封神秘来信，引出了一个神秘的人物——"普雷斯特·约翰"，也使许多人对其引发了一场激烈的争议，到底"普雷斯特·约翰"其人其国是传说还是真实存在的呢？

12世纪初，一封内容离奇的来信被送到了拜占庭帝国皇帝曼奴依尔（1143－1180）在君士坦丁堡金碧辉煌的皇宫中。信中叙说的主要内容如下："如果你真的希望知道我们伟大的国家存在于何方，那么请不要怀疑：我，普雷斯特·约翰……在财富、德行和一切上天赋予的创造力方面都是世所罕见的。72位部族首领向我纳贡称臣。……我们的权力统治着3个印度邦国，并扩及整个印度。帝国的影响，通过沙漠地区和靠近通天塔的巴比伦沙丘地带，远达太阳升起的地方。

"在我们的领土内可以看到大象、骆驼和各种各样的珍禽奇兽。……蜂蜜在我们的土地上流淌，牛奶溢满于各个角落。……如果您能计算出天空的星座和海中的沙粒有多少的话，你就能由此估量出我们的帝国地域的广阔程度。"信末的署名为"普雷斯特·约翰"。曼奴依尔看完后丈二和尚摸不着头脑，对于信中所说的"普雷斯特·约翰"，他简直闻所未闻。于是，他让人把整封信抄写了若干份，分别送达欧洲各国君主，希望揭开"普雷斯特·约翰"这个神秘人物的面纱。然而，欧洲各王国的君主和其麾下的幕僚臣属及饱学之士，无一人知道"普雷斯特·约翰"的名字和来历，所有的人都对信中的内容感到震惊不已。特别是这位异邦君主在信中提到的他所统治的国家，地域广阔，生活丰裕，这两点内容，给他们留下了极为深刻的印象。一时，"普雷斯特·约翰"其人和他统治的王国，成为欧洲各国宫廷中王公大臣们议论得最多的一个话题。从13世纪－15世纪，欧洲人为寻找这个神秘的王国花了200年时间，均无果而终。那么，那封神秘信

解不开的历史谜团

jiebukaidelishimituan

件中所说的"普雷斯特·约翰"到底是谁呢？"普雷斯特·约翰"的王国究竟在何处呢？

1217年，罗马亚历山大三世曾亲笔为"普雷斯特·约翰"写了一封书信。这封信写好后，派信使按当时的地理概念送往与埃及毗邻的"中印度"，实际地点即今天的埃塞俄比亚一带。但是，那里根本没有"普雷斯特·约翰"其人和他的王国，当然，亚历山大三世也就没有收到这位名叫"普雷斯特·约翰"的人的回信。

1220年，一条十分令人震惊的消息又从欧洲传来："普雷斯特·约翰"本来曾准备到欧洲和各国的封建君主会商世界统一大计。但是不幸的是，当时正逢成吉思汗西征，大肆烧

杀掳掠，而"普雷斯特·约翰"就在此时不幸遇难。这一消息传出来，人们对这则消息深表怀疑，他们认为，"普雷斯特·约翰"不可能就这么轻而易举地死在了成吉思汗的手里，于是，有许多人又继续寻找关于"普雷斯特·约翰"的每一个微小的细节，以期解开"普雷斯特·约翰"之谜。

14－15世纪，欧洲人特别是葡萄牙人和西班牙人，相继掀起航海探险热潮，其中一个重要目的就是寻找"普雷斯特·约翰"的王国，因此这个时候又出现了许多关于"普雷斯特·约翰"的传闻和猜测。1520年，葡萄牙人为了控制红海商路，急于在埃塞俄比亚找到"普雷斯特·约翰"的后裔，这支探险队经过半年的考察后，在一份报告中声称"看到了'普

☆ 印度一景

雷斯特·约翰'曾经住过的帐篷和宿营地"。但是，遗憾的是探险队所说的并没有相应的证据来证明，不足为信。据调查研究在埃塞俄比亚上至皇帝、下至臣民也都从来没有听说过"普雷斯特·约翰"其人其事。

之后，又有新的发现。1558年，一位名叫迪雅格·荷曼的葡萄牙探险家，绘制了一幅地图，在这幅地图上，"普雷斯特·约翰"头戴王冠，手持王仗，威武非凡地坐在王位上。人像所处的位置是在红海南岸的陆地，并在旁边注有埃塞俄比亚的字样。显然，荷曼认为普霍斯特·约翰的王国是在埃塞俄比亚的。但是，这种说法仅仅是推断，并没有相应的科学依据或者是相应的文字记载来印证，因此，此说也不足为信。

尽管探险家们对"普雷斯特·约翰"其人以及其国进行过多方面的探究，但是也并没有得到答案，只能通过研究得出一些推测的说法。

首先，有人提出"普雷斯特·约翰"在印度。持这种观点的人认为，"普雷斯特·约翰"自称"统治着三个印度邦国，并扩及整个印度"。他统治的王国很可能就在印度。因此，在新航路开通之后，很多探险家和学者到印度考察，希望寻访到"普雷斯特·约翰"的踪迹。但在印度的考古发掘和民间传说中，均没有找到这位

神秘人物的影子。因此，这种说法没有一定的说服力。

其次，有人认为"普雷斯特·约翰"是在埃塞俄比亚。持这种观点的学者认为，埃塞俄比亚就是"普雷斯特·约翰"治理过的国家。并且他们还列举出一些理由：第一，"约翰"一词，可能就是埃塞俄比亚皇朝名号"赞"的谐音变化。第二，本世纪初，一位葡萄牙传教士在埃塞俄比亚的一处墓葬中，发现一些古代人用过的宝剑和旗帜，认为这是"普雷斯特·约翰"时代的文物。后来一些欧洲考古工作者，又在埃塞俄比亚发掘出一个十分豪华壮观的中世纪时代的皇宫遗址，认为这就是"普雷斯特·约翰"居住过的王宫。从亚历山大三世到15世纪的航海探险家均持此说。尽管这些阐释列举的条目比较多，但是其中所作的解释都有些牵强附会，不可以作为合理的说法让很多人认同。

最后，还有人认为"普雷斯特·约翰"就是一种虚构，在现实生

☆ 埃塞俄比亚风土人情

解不开的历史谜团 jiebukaidelishimituan

活中并不存在"普雷斯特·约翰"其人以及其所在的国家。这些学者认为，根本就不存在普雷斯特·约翰其人，关于其人其国的那封来信完全是伪造的。一种意见认为，那封信可能是欧洲某个国家的一些人凭想象编造出来的，其目的可能是想同拜占庭帝国的君主开个大玩笑。另一种意见认为，这封信很可能就是拜占庭帝国的皇帝曼奴依尔本人指使宫中文人编造的。因为这时拜占庭帝国的国势较前有所削弱，而曼奴依尔依然没有放弃保持旧的大国地位的幻想，他仿效查士丁尼，又提出了以君士坦丁堡为基地，恢复统治全世界的罗马帝国的计划。那封伪造的信，很可能就是他为了实现其政治计划，在外交上施放的一个政治气球，以探测欧洲各国君主的政治态度。这种说法看上去言之凿凿，但还是缺乏一定的合理性，因此不能让所有人信服。

关于"普雷斯特·约翰"其人其国的说法百家争鸣，种种说法均缺乏相对的合理性，因此，"普雷斯特·约翰"其人其国是否真实地存在过就成了一个世界历史上难以解开的谜团。

· 知识链接 ·

君士坦丁堡：

君士坦丁是古希腊的移民城市，称拜占庭，公元前660年为希腊人所建。但是在君士坦丁之前的罗马帝国时代，它却一直未受到应有的重视。罗马帝国皇帝君士坦丁大帝重建并扩建了拜占庭，并于公元330年宣布迁都拜占庭，改名为君士坦丁堡，意谓"君士坦丁之城"，别称"新罗马"。从此，这个城市开始了它辉煌的千年历史，君士坦丁的名字与这个城市融为一体，直到1453。公元395年，东西罗马帝国正式分裂，君士坦丁堡作为东罗马帝国（拜占庭帝国）首都，成为地中海东部的政治、经济、文化中心。君士坦丁堡1453年4月初被土耳其的军队围困，5月29日穆罕默德二世的军队攻入城内，君士坦丁堡陷落，拜占庭帝国（东罗马帝国）灭亡。君士坦丁堡被奥斯曼帝国占领，并成为奥斯曼帝国首都，更名为伊斯坦布尔，直到1922年奥斯曼帝国灭亡。拜占庭帝国，也就是古罗马帝国的东半部分，它的邻侧总是环绕着许多觊觎其财富的敌对势力。然而当罗马灭亡的时候，拜占庭帝国依然强大如初，并且在此后1000多年的岁月里，一直都是世界上最繁荣的文明之一。对于那些深受异族侵略者威胁、依靠拜占庭帝国才能生存的小国来说，它就像是一座海上的灯塔，闪耀着不灭的光芒。

古罗马帝国是怎么毁灭的？

历史就像一部很长的画卷，而历史上一个国家的诞生与消失、兴旺与衰落却往往就在弹指之间，古罗马帝国的出现是历史上的一个奇迹，然而它的毁灭又是历史上的一桩奇案。

罗马位于意大利中部的台伯河下游地区。这条河流在低山地区缓慢地流淌，在沼泽地带折向海岸线，是从亚平宁山区下来的人们想要到达大海的理想通道。

自公元前30年起，奥古斯都建立的罗马帝国在欧洲迅速崛起，至公元3世纪，罗马帝国的版图横跨欧、亚、非三大洲，达到全盛。然而，时隔不久，这个强大帝国又迅速衰落，很快就陷于分崩离析的亡国处境，谁能想到这样一个大帝国会一下子就灭亡了呢？

罗马帝国是没有经过缜密计划而发展起来的传奇式的国家。罗马民族在他们自己几乎没有觉察的情况下，进行了一次政治上的实验。这实验不能说是成功的，因为最后他们的帝国完全归于崩溃，而且这个帝国每个世纪里都要大幅度地变更自己的形态与方法。罗马帝国在100年间的变化，比孟加拉、美索不达米亚以及埃及等地在整整1000年之间发生的变化都更大。可以说，罗马帝国一直在变化着，从来没有过固定的形式。

罗马帝国到达它的晚期时，已是一片衰败的景象。英国历史学家吉本在他的《罗马帝国衰亡史》中这样描述："罗马政府在敌人眼中一天比一天软弱，而对它自己的臣民来说，一天比一天更为凶恶、更为讨厌了。随着公众灾祸的增多，赋税日益加重……心术不正的富人把不平等的负担从自己身上转移到贫民身上，富人用欺骗手段夺走有时还可以略为缓解他们的灾难的一些特惠待遇，没收他们的财货，对他们进行严酷的拷打，以及征敛使得臣民宁可接受野蛮人的更为简单化的暴政统治、逃亡到森林或山区中去，或者宁愿去充当下贱的可以赚点钱的奴仆。过去人们所极力追求的罗马公民称号，他们现在只感到非常厌恶，纷纷放弃……"

解不开的历史谜团 jiebukaidelishimituan

罗马帝国的军事实力也随着罗马帝国的发展有了新的变化。军队的衰落约始于3世纪，军人追逐权力与财富，变为政权竞争的主力，不再把全部心思花在捍卫帝国的职守上了。在此情形下，政权更多依赖军队，而不是普通公民，这样，由于武力的过多介入和非常的效用，篡夺皇帝宝座事情经常发生。塞佛留皇帝在位以后，兵源常感不足，原来军队的组成以罗马公民为主，配以来自文明地区的帝国居民，后来士兵渐成世袭。奥理略皇帝在位时，蛮族加入军队，3世纪后主要兵源仰赖蛮族，很多家庭子弟不愿当兵，军力常感不足。这些变化都在慢慢地改变罗马的军事基石。

关于古罗马帝国的发展直至毁灭，许多科学家们给予了很多的关注，并对其进行了深入的研究，并且对于古罗马的灭亡提出了不同的观点和看法。

第一种：政治、经济和社会心理三方面的变化影响了古罗马发展直至毁灭。对于这个问题，李·拉夫在《世界文明史》中进行了全面的阐释：

首先，在政治上，元首制下缺

☆ 古罗马帝国遗址

乏明确的继承法，结果元首一去世，接着就是内战；帝国后期政治上最大的缺陷是没有使足够的人参与政府活动，帝国的居民大多数是不参与政治的臣民，沉重的税收常常使他们对帝国心怀仇恨。

其次，在经济上，罗马最严重的经济问题是由奴隶制度和劳动力短缺所引起的。罗马城市主要依靠奴隶生产的剩余产品，但是奴隶承担的劳动过于繁重，以致无法通过繁衍后代来补充奴隶队伍，随着对外政府战争的结束，战俘奴隶的来源就断绝了，结果乡村生产的剩余产品越来越少。奴隶制度也使得罗马的奴隶主不关心发展生产技术。

最后，在社会心理方面，整个社会缺乏那种真正的公民理想。公元3世纪，罗马帝国不能依靠共和国时期的公民理想振奋人心，激活社会的活力，这主要是由于连年的战争和沉重的赋税负担造成的。地区之间的分歧、公共教育的缺乏以及社会的分层也进一步阻碍了任何统一的公益精神的形成。罗马帝国是伴随着人们的普遍冷漠而走向历史的尽头的。

第二种：外族血统的入侵导致了本土人民文学下降，最终导致本土人民治理国家的能力下降，直至国家走向灭亡。美国约翰·霍普金斯大学教授邓尼·弗兰克，通过仔细研究许多拉丁文墓志铭，他发现这些墓志铭上的奴隶多是希腊人的姓名。因此，他断言，罗马和拉丁西部遇到希腊和东方奴隶的入侵——由于这些都是被释放的奴隶，所以他们都取得了罗马的公民权，罗马公民的成分发生了变化。通过对13900个墓志铭的研究，他推断罗马城中近90%罗马出生的居民是外族血统，曾经建立罗马帝国的罗马人现在让位于外来种族。正因如此，罗马从元首制过渡到君主制，这是专制主义的胜利，东方宗教的传播，拉丁文学的衰落，曾经建立帝国的人治理国家的天赋不断降低。

第三种：疟疾导致一个强盛的国家走向了灭亡。英美考古学家最近从一处古罗马坟墓中发掘出来的小童骸骨中发现了曾遭疟疾感染的基因证据，他们据此认为，罗马帝国可能因疟疾猖獗而衰亡。这次发掘的古墓是位于意大利罗马以北112千米处的鲁那诺镇附近的一座婴儿坟墓，年代约为公元450年。英国曼彻斯特理工大学的研究人员首次利用新科技研究这个古代疟疾个案，他们从这具3岁幼儿骸骨的腿骨中仔细分离出基因样本，发现它和另外一个感染疟原虫的样本有98%相似。研究人员表示，由于两次独立分析的结果完全一致，因此他们认为，该名3岁幼儿是因为感染疟原虫丧命的。

第四种：气候变化对人们生活的影响，最终导致了国家的灭亡。1917年，埃尔沃斯·亨廷顿在《经济季刊》上发表《气候变化和农业衰落是罗马帝国衰亡的原因》一文，对此作了很好的解释。他说，美国加利福尼亚地区有一种树龄达到3000多年甚至4000年的红杉树，这种红杉树有一个特点，就是每一年都长出一个年轮，根据年轮数可以推断树龄，而且这种树的年轮纹理之间的距离是随着气候的变化而变化的。气候有利时，也就是降水量大的年份，年轮纹理间距比较大，反之则较小。所以根据红杉树的年轮纹理的间距可以推断出该地区降水量的历史。亨廷顿认为加利福尼亚地区的降水历史与罗马统治时期地中海地区的降水大体一致。基于红杉树的特点和两地降水历史大致相同的假设，所以亨廷顿认为，罗马帝国的衰亡是由于公元4－6世纪降水量不足而造成的。

第五种：导致罗马帝国灭亡的重要原因之一是葡萄酒。原来，罗马帝国征服古希腊以后，就将希腊的葡萄品种连同酿造技术带到欧洲腹地，饮用葡萄酒也成为罗马贵族元老院的时髦风尚。罗马人更喜欢饮用甜葡萄酒，于是便在酿造过程中添加氧化铝之类的增加"甜味"的物质。这种至罗马时代一直沿用了近300年的酿造方法，造成成千上万难以记数的罗马人

☆ 盛极一时的古罗马帝国灭亡了，但从残存的遗址中依然能窥见曾经的辉煌

铝中毒死亡，并引发了数次流行大瘟疫。当时罗马人并没有人意识到断送无数人生命的竟是这种加铝的甜葡萄酒，而当他们终于有所意识时，悲剧已经酿成。被希腊人誉为果实之神和喜悦之神的葡萄酒，竟以恐怖的玫瑰色毁灭了强大的罗马帝国。

第六种：铅中毒把整个罗马帝国带向了坟墓。急性铅中毒也曾发生在古罗马。因为铅在古罗马帝国身价远远高于现代，用它制作的器皿(如瓶、杯、壶)和含铅化妆品，是只有贵族阶层才能享用的。而当时的下层平民也并非与铅完全无缘，当时城市用于输送饮用水的水管就是用铅制成的。据考古学家发现，古罗马人的遗骸中含有大量的铅，这是因为一方面铅直接进入人体，另一方面，古罗马人的饮水中富含二氧化碳，它与铅反应生成可溶性的酸式碳酸铅，然后进入人体，与骨骼中的钙产生置换反应，并引起种种慢性疾病，如消化功能紊乱、腹肌痉挛、贫血、视力障碍、神经麻痹、精神错乱等。更重要的是古罗马的女性利用铅粉制成化妆品使用，铅能使女性的皮肤变得白皙细嫩，更为漂亮。于是，古罗马女性乐此不疲，长期使用铅来美白皮肤，使得铅蓄积在骨骼和软组织中，特别是脑中，导致人体生理功能下降，幼儿智能低下，行动异常。蓄积在罗马人体内的铅毒在下一代人中充分发挥了杀伤力。古罗马特洛伊贵族35名结婚的王公有半数不育。其余人虽能生育，但所生的孩子几乎个个都是低能儿和痴呆儿。难怪在公元1世纪时统治古罗马的诸君主都患有这样或那样的慢性病和精神疾病，古罗马贵族的平均寿命还不到25岁！试想，这样的健康状况，怎能运筹帷幄、驰骋疆场、定国安邦呢？

综上所述，以上六种原因看上去好像都可能导致古罗马帝国的灭亡。但是究竟是那种原因造成的，我们也不得而知，毕竟这段历史已经过去两千多年，我们也很难考证了。

·知识链接·

古罗马帝国：

古罗马通常指从公元前10世纪初在意大利半岛中部兴起的文明，历罗马王政时代、罗马共和国，于1世纪前后扩张成为横跨欧、亚、非三洲的庞大罗马帝国。

到公元395年，罗马帝国分裂为东西两部。西罗马帝国亡于公元476年。东罗马帝国（即拜占庭帝国）变为封建制国家，1453年被奥斯曼帝国所灭亡。

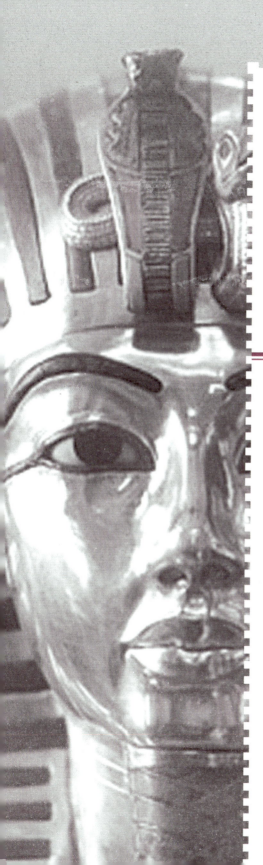

第五章

解不开的死亡密码

死亡是生命的必然规律，也是生命的最终归宿。

普通人的死亡，史书上恐怕不会书写一笔，也不会有历史学家对其产生研究的兴趣。而名人就不同了，名人的死如果弄不清楚，许多历史将无法书写。

在历史长河中，有不少名人的死亡非常具有戏剧性，也非常具有迷惑性，这些逝者的死亡密码成为后人们迫切希望解开的历史谜团。

美国哈定总统死于何因？

美国第29任总统哈定，曾在美国报刊评价历届总统在美国学者心目中的形象时，三次被列为"美国最糟糕的十个总统"的第一名。然而，这位"最糟糕的美国总统"的突然暴死却给人们留下了很多悬念。

沃伦·甘梅利尔·哈定是美国历史上第29任总统。1921年就职，1923年6月20日，哈定率领大批随员巡游全国各地，会见普通百姓，向人民解释政府的政策。7月29日，在往南的归途上，哈定病倒了，8月2日，哈定在加利福尼亚州旧金山的皇宫饭店内突然暴死。迄今他的死因不明，众说纷纭。

有人认为哈定的确是病死的。1923年6月20日，哈定突然患病，私人医生诊断为螃蟹中毒。不久又染上肺炎，经名医治疗，似乎即将痊愈，却又出人意料地于8月2日晚7点35分死于卧榻上。当时哈定夫人还正在念书给他听。由于在哈定死前检查过他身体的五位医生提供的证据与中毒相矛盾，因此，有人认为哈定是心脏病发作，被误诊为食物中毒；也有医生怀疑可能是患脑出血或脑血栓，要求进行验尸，但哈定夫人坚决不答应。这样，

人们根本无法弄清哈定确切的死因，由此，也就引发了许多质疑和猜测。

还有人认为哈定是遭到他妻子的谋杀至死的。哈定生就一副英俊的面容，堪称美男子，深受广大妇女的爱慕。早年，他与朋友的漂亮之妻通奸，有哈定亲笔写的250封情书为证。当了总统后，哈定也并没有收敛自己的放浪行为，在白宫与另一名女子私通，并生有孩子，而且还一直养有两个情妇。哈定夫人出于政治原因，一直以来并没有把此事公开，只好看在眼里气在心里，然而，人的忍耐性是非常有限的，哈定夫人始终怀恨在心，并伺机报复。而这次出游，正是哈定夫人施以报复的最佳时机。

哈定死后，哈定夫人始终拒绝医生解剖她丈夫的尸体来判明死因，不仅如此，她还焚毁了哈定生前的所有文件和信件，包括哈定写给别人的私人信件，从而使人们无法从中了解哈

解不开的历史谜团

jiebukaidelishimituan

定政府腐败的实情，只能进行各种猜测。哈定夫人的所作所为都不能不让人生疑。

此外，还有人认为哈定是服毒自杀的。哈定被选为总统后，趋炎附势之辈纷纷投奔而来，从家乡俄亥俄州的三亲六故到昔日朋友都在他的麾下被任用，逐渐地，在哈定的领导下形成了一个庞大的"俄亥俄帮"。因此，政府的官职逐渐成为了商品被这些人买进卖出，哈定的名誉也随之一落千丈。

自1922年以来，华盛顿州就一直有哈定的手下因贪污、收贿、敲诈等原因导致自杀案件不断发生的传闻。哈定的密友杰西·史密斯、退役军人局律师查尔斯·F·克雷默、内政部长艾伯特·B·福尔、退伍军人局局长查尔斯·R·福布斯等都曾自杀。此外，还有不少官员因为各种丑恶行为引起警方的调查和法院的起诉。

哈定作为总统，他对手下的恶劣行径并没有采取一点阻止的行动。所有这些案犯都是哈定的至亲至信，他既为这些人提供强大的保护伞，又没有出来干涉，正因为如此，他们才更加肆无忌惮、为所欲为。

坏人终究是要受到惩罚的，在万般无奈之际，哈定决定以出游的方式来躲避法律的追究。在途中，哈定从来访者及电报里，又陆续获悉某些行将被揭发的肮脏交易的内幕，这

☆ 华盛顿白宫

对于本来已经惶惶不安的哈定来说，无疑是个沉重的打击。他口中喃喃地数落那些干了对不起他的事情的朋友们，情绪愈发低落，精神近乎崩溃。哈定清楚地意识到，一旦真相大白于天下，后果将是不堪设想的。出于亲情以及友情，也为避免他自己将来出庭对他的亲朋好友犯下的罪行提供证据，哈定最终作出了特别的选择——服毒自杀。

哈定的死因疑点重重，无论是什么原因导致哈定死亡的，它终于带来的"俄亥俄帮"罪恶行径的谢幕，这终归是一件好事。

·知识链接·

哈定总统的贡献：

哈定当选总统后，以1921年的《紧急关税法》和1922年的《福德尼——麦坎伯关税法》取代了1913年的《安德伍德关税法》，把平均税率提高到38%，并对战时兴起的化学、药品等美国工业实行特别保护。宣布联邦政府不干预私营企业。

在军备限制方面，因为美国和英国争夺海上霸权，英国勉强与日本结盟，而中国反对日本的潜在侵略，哈定授权国务卿休斯于1921年11月至1922年2月召开华盛顿会议，商讨限制裁减海军军备以及远东和太平洋问题。在会上，美国、英国、法国和日本缔结了《四国公约》，四国在公约中同意尊重彼此在太平洋的属地，并和平地仲裁一切争端。华盛顿会议还签订了《九国公约》（美、英、法、比、荷、葡、意、中、日)，这个公约在10年间阻止了日本对中国的侵略，并维护了门户开放的政策。

☆ 美国白宫

切·格瓦拉牺牲之谜

切·格瓦拉是第三世界共产主义革命运动中的英雄和西方左翼运动的象征。法国哲学家让·保罗·萨特称许切·格瓦拉是"我们时代的完人"。切·格瓦拉的支持者认为，切·格瓦拉被证明是继拉美独立运动的领导者西蒙·玻利瓦尔之后拉丁美洲最伟大的思想家和革命家。切·格瓦拉的去世也一直受到人们的关注。

切·格瓦拉是南美洲历史上的传奇人物，他是人们心目中的游击队英雄，被视为第三世界共产主义革命运动的领袖式人物，他的声誉传遍了南美大地和全世界。当他的死讯传出后，全世界为之震惊，而他的死亡在人们的心里一直是一个谜。

切·格瓦拉是出生于阿根廷的马克思主义革命者和古巴游击队领导人。1959年格瓦拉参与了卡斯特罗领导的古巴"七二六运动"，推翻了亲美的巴蒂斯塔独裁政权。在古巴新政府担任了一些要职，1963年5月，由于革命统一组织改组为古巴社会主义革命统一党，格瓦拉被任命为党中央委员会委员、中央政治局委员和书记处书记。格瓦拉于1965年离开古巴，在其他国家继续策动共产主义革命。首先是刚果，然后是玻利维亚。在玻利维亚，他在一次由美国中央情报局策划的军事行动中被捕，并于1967年10月9日被玻利维亚军队杀害。

格瓦拉的死因引起了人们极大的关注，于是，便有多种版本的说法。

有人认为，格瓦拉是"阵亡"的：1967年10月8日，格瓦拉率领的游击队受到玻利维亚政府军的极力进攻之后，被团团包围，游击队寡不敌众，被敌人俘获，之后，格瓦拉被一个醉汉拖出来连打六枪身亡。

还有人认为格瓦拉是被秘密处决的，而并非阵亡。1967年10月8日下午，格瓦拉带领着他的17名游击队员正准备在尤罗峡谷突出重围，但不幸的是，在他中弹后在山顶包扎伤口时被玻政府军发现，并被俘虏，经证实后得知他就是切·格瓦拉，于是在格瓦拉拒绝回答任何问题的情况下，被秘密枪决。但是由于当时玻利维亚全国已取消死刑，而且玻利维亚军队也怕担上处决俘虏的恶名，于是，刽子手又把已经死去的格瓦拉拖出来用冲锋枪猛烈扫射，目的是造成格瓦拉阵亡的假象以掩人耳目。之后又拍了格瓦拉被扫射后的惨状，并向外公布格瓦拉是阵亡而死。

但是，法国《外交世界》月刊2005年8月号发表当时的战地记者理查德·戈特的文章，则倾向于切·格瓦拉是被政府军逮捕后而死的，但文章并没有关于"秘密处决"一说。

此外，当时还流传着曾参加尤罗山峡战斗的士兵关于格瓦拉死亡的说法，与官方所说大相径庭。人们如坠雾海，迷惑不解。更令人困惑的是，格瓦拉的遗骨此后神秘地消失了，遗物中只留下一幅石膏画像和他的日记。格瓦拉身葬何方？玻利维亚军方一会儿宣布格瓦拉的遗体已被火化了，一会儿改口说尸体埋葬在玻利维亚一个极其秘密的地方，只有他们才知道。还有人说，格瓦拉的遗骨已转交给美国中央情报局，并由他们带回了美国。

对于这位传奇人物的死因，目前仍然没有更加权威的说法。因此，格瓦拉的死因也便成了一个未解之谜。

· 知识链接 ·

切·格瓦拉：

切·格瓦拉死后，随着他的尸体的照片的传播，切·格瓦拉的事迹也开始广泛为人所知。全球范围内发生了抗议将其杀害的示威，同时出现了许多颂扬他和记录他生平以及死亡的文学作品。即便是一些对切·格瓦拉共产主义理想嗤之以鼻的自由人士也对其自我牺牲精神表达了由衷的钦佩。他之所以被广大西方年轻人与其他革命者区别对待，原因就在于他为了全世界的革命事业而毅然放弃了舒适的家境。当他在古巴大权在握时，他又为了自己的理想放弃了高官厚禄，重返革命战场，坚持战斗直至牺牲。

特别是在20世纪60年代晚期，在中东和西方的年轻人中，他成为一个公众偶像化的革命的象征和左翼政治理想的代名词。一幅由著名摄影师阿尔贝托·科尔达在1960年为切·格瓦拉拍摄的生动的肖像照片迅速成为20世纪最知名的图片之一。而这幅切·格瓦拉的人像，也被简化并复制成为许多商品（比如T恤衫、海报和棒球帽）上的图案。

法国哲学家让－保罗·萨特称许切·格瓦拉是"我们时代的完人"，切·格瓦拉的支持者认为，切·格瓦拉被证明是继拉美独立运动的领导者西蒙·玻利瓦尔之后，拉丁美洲最伟大的思想家和革命家。

马其顿国王亚历山大大帝死因之谜

马其顿帝国最负盛名的缔造者、世界古代史上著名的军事家和政治家亚历山大大帝，以其足智多谋、雄才伟略、骁勇善战著称，在统治马其顿王国的短短13年中，以其雄才大略，东征西伐，领军驰骋欧、亚、非大陆。先是确立了在全希腊的统治地位，后又灭亡了波斯帝国。创下了前无古人的辉煌业绩，促进了东西方文化的交流和经济的发展，使古希腊的文明发扬光大，对人类社会的进展产生了重大的影响。但是，这位声名远扬的亚历山大大帝的死因却犹如其人一般，十分具有传奇色彩。

历山大是古代马其顿国王，欧洲历史上最伟大的军事天才。他曾统治了整个希腊，后又灭亡了波斯帝国，征服了埃及等许多王国，建立了横欧、亚、非三洲的庞大的马其顿帝国。然而这位具有雄韬伟略军事才能的大帝在32岁时就在巴比伦逝世了。关于他的死因一直存在分歧，先后出现过很多种说法。

美国科学家称，根据古代关于亚历山大的著作内容显示，亚历山大大帝是感染了西尼罗河病毒后引发脑炎死去的。据调查，西尼罗河病毒一般在野生鸟类之间传播，但是可以通过蚊子传染给人类。这种传染病很难被发现，因为它只会出现类似于流感的症状。在一些病例当中，还会因感染脑炎病毒而使病因变得难以查证。而亚历山大大帝进入巴比伦时，那里的乌鸦突然大批死亡，也正是感染了西尼罗河病毒。

纽约温思罗普大学附属医院的布尔克·春哈对"西尼罗河病毒"一说提出了疑问。因为西尼罗河病毒引起的脑炎属于急性的，最初的症状是精神错乱和肌肉无力。但亚历山大大帝死之前的最显著症状是发烧，而且持续了很长时间。但这些症状在西尼罗河病毒所引起的病症中并不存在。因此布尔克认为亚历山大大帝死前的症状更像伤寒。

另外一种说法认为亚历山大大帝是被毒死的。据史料记载，亚历山大喝了酒不到半小时后就开始呕吐，感到剧痛，说话困难，身体逐渐变得虚弱。早期，人们认为他是中了番木鳖碱，但是中此毒的人都是很快死去，而亚历山大却是在12天后才去世的。毒药专家在亚历山大的家乡发现了一种含有有毒成分的植物白菟葵。那么这种毒药的症状和亚历山大卧床12天的情况是否吻合呢？经过试验，毒药谋杀观点认为亚历山大可能被下过好几次毒，才被毒死的。

还有一种说法认为亚历山大是被误诊而死的。在研究古代医生的治疗方法时，专家发现白菟葵在当时也被小剂量地用作药品，用来清洗肠胃，并作为泻药帮助人体排泄，但如果剂量过大，就会变成一种毒药。亚历山大除了在各场战役中受过各种伤外，也曾在精神上受到过严重的打击。他在死前八个月，失去了最亲密的朋友赫法斯蒂昂。因此，亚历山大的免疫系统和行为都可能因此受到严重影响，并且需要医生的治疗。而对待因悲伤过度造成的精神疾病，治疗方法之一就是药物，比如白菟葵。由此人们推测，亚历山大可能死于过量服用白菟葵。所以，关键在于他有可能是中毒而死的，但不一定是被人毒死的，而可能是在医生的治疗过程里中毒身亡的。并且研究表明，为了促进亚历山大呕吐和排泄，医生们给出的剂量常常达到中毒量，因为他们也难控制药物治疗和致害间的界限。因此，如果亚历山大为了急于恢复健康而不断服用白菟葵的话，很可能就会丢失了性命。

总之，亚历山大大帝是怎么死的，至今仍是个难解的谜。

·知识链接·

马其顿帝国：

马其顿帝国是古希腊西北部的一个王国。其史上最辉煌的时刻，是由国王亚历山大三世（大帝）开创的。亚历山大帝国是历史上继波斯帝国（前550－前330）之后第二个地跨欧、亚、非三洲的大帝国，其疆域东自靠近葱岭以西的阿富汗及印度次大陆（喜马拉雅山脉以西）的西北部，西抵意大利，北从中亚细亚、里海和黑海起，南达印度洋和非洲北部。

梦露是被肯尼迪总统害死的吗？

玛丽莲·梦露是好莱坞历史上最著名的女明星。20世纪五六十年代是梦露生命中最辉煌的时代，她在演艺事业上大红大紫、如日中天，还被评为20世纪60年代"最受欢迎的十大名人"之首，当时身居高位的肯尼迪总统都要甘拜下风。然而不久，这位一代明星神秘死亡、香销玉殒，原因又是什么呢？

玛丽莲·梦露是20世纪美国著名的影星，被称为"性感女神"。就在她的事业达到最高峰的时候，1962年8月5日，她的女管家发现她死在家中。事后的尸检报告称梦露是吞服了大量安眠药自杀而亡。但是事业如日中天的梦露为什么如此轻生呢？

有很多人认为梦露是死于一场谋杀。因为梦露爱上了当时的美国总统肯尼迪，她知道了肯尼迪许多的秘密，因此有人说肯尼迪因为害怕梦露会将这些秘密泄露出去，而上演了一场梦露自杀的"假象"。

为什么说梦露自杀让人怀疑呢？因为人们发现了梦露"自杀"很多自相矛盾的地方。

其一，尸检报告说梦露死于安眠药过量，但是在她的胃里却找不到任何药物残余，这显然很矛盾。另外，毒药学家发现梦露的血液里含有大量

的药物，那么她的直接死因是不是这些药物所致？是梦露自己注射的还是被强迫注射的呢？尸检报告也没有给

☆ 梦　露

☆ 梦 露

解不开的历史谜团

jiebukaidelishimituan

出明确的说法。

其二，据说赶到现场的警察发现梦露的尸体上有紫青块，这说明梦露的尸体可能被人移动过。甚至有人说梦露是拨打电话时被人杀死的，她临死前还喊出了杀她的人的名字，但是唯一听到这个名字的人因为害怕家人也遭到被灭口的危险，直到临死也没有说出梦露喊的到底是谁。但是持梦露被人谋杀观点的人都认为杀她的幕后凶手就是约翰·肯尼迪，甚至有人称曾见过两个长得很像肯尼迪兄弟的人进入梦露的房间杀害了她。也有人说直接凶手是梦露的管家，因为在梦露死后，她的管家曾经打扫过房间，似乎在清扫什么。然而由于约翰·肯尼迪兄弟随后先后遇害，他们是不是凶手也无从查起了。

还有一种说法是梦露根本没有死。据说梦露是在肯尼迪的指使下服下大量的安眠药，然后由特工安排到澳大利亚定居，在美国他们用一具假的尸体充当梦露。真的梦露到澳大利亚后被洗了脑，忘记了所有的记忆，并且使她所有的思想崩溃。后来特工给了她一个新的身份，并刻意安排她和当地的牧羊人结婚。从此以后，在看不见太多人的小镇上常常有一个和梦露相似的女人出现。然而这种说法多被认为是杜撰，纯属无稽之谈。

为了查找梦露死亡的真正原因，

有人甚至提出重新开棺验尸。也有人说梦露就是死于自杀。梦露一生坎坷，还患有忧郁症，在她自杀前还有明显的自杀倾向。况且现在有很多名人、艺人在自己人生最辉煌的时刻，就因为无法挣脱的精神枷锁纷纷选择自杀，梦露因为自身无法摆脱的原因而寻死的可能性非常大。

至今，玛丽莲·梦露是自杀还是他杀一直没有定论，留下的是人们对这位超级影星离世的惋惜。或许不管多少年，人们也还会提起玛丽莲·梦露的传奇一生来怀念她。

·知识链接·

梦露与《花花公子》：

人们看到《花花公子》就想到玛丽莲·梦露，但是很少有人知道，玛丽莲·梦露登在《花花公子》创刊号上那张著名的裸照，另一本知名杂志《生活》已经先期用过，但是黑白的，只有一英寸大。《花花公子》的创始人赫夫纳正需要一个赤裸裸的噱头来吸引分销商和读者，所以他找到拍摄照片的挂历公司，花了500美金买下了照片的版权。不仅如此，赫夫纳还找到了只需要付一半定金，就可以为一本新创办杂志开机就印7万册彩色杂志的印刷厂，还有不仅免收半年制版费而且还额外追加投资的制版公司。玛丽莲·梦露的裸照不仅调动起了最早看见它的那些男人们的本能，也让他们嗅到了金钱的味道。

赫夫纳找到了他的幸运女神，玛丽莲·梦露可以算是《花花公子》的第一位玩伴女郎，尽管他没有征得她的同意，但是他知道，他再也找不到另外一位代言人能够更代表这本杂志的精神。现仍存的第一期《花花公子》成为收藏的对象。这本当时50美分的杂志现在被炒到了5000美元。至于《花花公子》的著名礼服白兔标志，则在第二期以后才开始使用。

☆ 18岁的梦露

麦哲伦是怎么死的?

麦哲伦的突出贡献不仅在于环球航行本身，更在于其大胆的信念和对这一事业的出色指挥，以及他顽强拼搏的精神。他是第一个从东向西跨太平洋航行的人。这在人类历史上，是永远不可磨灭的伟大功勋。然而，这位伟大的航海家的死因却引发争议。

麦哲伦是著名的航海家和探险家，先后为葡萄牙（1505－1512）和西班牙（1519－1521）作航海探险。从西班牙出发，绕过南美洲，发现麦哲伦海峡，然后横渡太平洋。虽在菲律宾被杀，但他的船队依然继续西航回到西班牙，完成历史上第一次环球航行。

1519年9月20日，麦哲伦从西班牙圣罗卡起航后，经历重重波折，到1521年4月7日抵达菲律宾的宿务岛时就只剩下3条船。就是在菲律宾群岛，麦哲伦被杀死。然而他到底为什么被杀，在史学界却有不同的观点。

第一种观点认为麦哲伦介入了菲律宾群岛居民的内部战争，在一次战斗中被杀。这些人认为，当麦哲伦的船队到达菲律宾群岛时，他发现有两个小岛上的居民正在为一些事情争执不休，于是他让这个部落停止战斗，

以来控制这里，但是当麦哲伦他们在帮助一个部落进攻另一个部落时，却打了败仗，麦哲伦被另一个部落活活打死。他的助手卡诺不得已逃回船上，带着船员逃离。

第二种看法是麦哲伦与菲律宾当地的居民发生了冲突，是战死的。持此说法者认为，麦哲伦经过长期的旅行后已经弹尽粮绝。在这种情况下，远征队到达了拉德隆群岛。他们发现了菲律宾群岛，想抢夺一些吃的，但是却被当地居民发现，和他们发生了冲突。麦哲伦最后战死，其他几名船长也同样被杀死了。如果说麦哲伦因为弹尽粮绝才上了菲律宾群岛，那么因饥饿而和当地居民发生冲突则是无法避免的。

第三种观点是认为麦哲伦在岛上进行侵略活动，被当地居民杀死。持这种观点的人认为，当麦哲伦的船

解不开的历史谜团
jiebukaidelishimituan

队来到宿务岛时，他看到这里的富饶美丽，于是想将这里变成西班牙的殖民地。于是麦哲伦利用宗教的幌子，动用武力强令当地的酋长胡马波纳皈依基督教，并让他起誓臣服西班牙国王。离宿务岛较近的马克坦岛上的小酋长拉普拉普对胡马波纳的投靠麦哲伦的行径十分愤恨，发誓要杀死一切

投降者，并对麦哲伦的警告不屑一顾，声称他不会放弃原来的信仰，并且也决不听从入侵他的国家的陌生人的任意摆布。麦哲伦遂决定出兵征服马克坦岛。但是由于麦哲伦过分轻敌而被马克坦人打败，他本人也在这场激战中被杀。

麦哲伦在菲律宾群岛究竟怎么死的，至今也没有明确的答案，尚有待人们的进一步研究。

☆ 航海家麦哲伦

·知识链接·

菲律宾群岛：

菲律宾群岛，英文为Philippine Islands。亚洲南部马来群岛的组成部分。西滨南海，东临太平洋。群岛由7100多个岛屿组成，是菲律宾的国土。 菲律宾群岛北隔巴士海峡，与中国台湾相望，西临南海，东滨太平洋，南与印度尼西亚和马来西亚的沙巴州隔海相望，东北隔菲律宾海与马里亚纳群岛相望。这里雨水丰沛，花草、果木繁盛。出产的香蕉、凤梨、芒果在国际市场上很有名。因此，菲律宾群岛享有"太平洋果盘""花园岛"之美誉。

苏格兰的玛丽女王死于何罪？

出身王室家族的苏格兰玛丽女王，自从降生之日起就注定要有不平凡的一生，然而，这位女王的遭遇却是悲惨至极，最后被处以死刑。那么，这位地位高贵、名声显赫的女王为什么会被处死呢？

苏格兰的玛丽女王即玛丽·斯图尔特，其血统来自玛格丽特·都铎。她是苏格兰的国王詹姆斯五世和法国王族盖斯玛丽的独生女。1542年12月1日，玛丽出生一周后便即位为苏格兰女王。1548年玛丽去了法国，1552年同法国王子弗兰西斯结婚，达成苏格兰和法国王室的联姻，并附有秘密协议：如果玛丽死后无嗣，苏格兰即归并于法国。1559年玛丽与弗兰西斯共同举行加冕典礼。

1560年，弗兰西斯去世，法国继位者查理九世赶走盖斯家族的势力。翌年，玛丽只得返回苏格兰，接受长老会教。

1565年，玛丽再嫁天主教表兄亨利·斯图尔特，即达恩利公爵，这表示玛丽在觊觎王座。然而，达恩利是一个纨绔公子，二人婚后不久，达恩利就与玛丽不和。

玛丽还偷偷地与意大利音乐家戴维·里齐奥勾勾搭搭，1566年3月事泄，达恩利在一次晚宴后带人冲进玛丽的寝室，把里齐奥杀死。

1567年2月，玛丽的丈夫达恩利在爱丁堡外一栋宅第中死去，这栋房屋是被火药炸毁的。达恩利事先有所警觉，企图在爆炸前逃开，但只走了几步，便陈尸在花园中，尸体完好，仿佛是窒息身亡的。

玛丽女王的新欢是博斯韦尔伯爵，她深恨自己的丈夫杀死戴维·里齐奥，而博斯韦尔又休了妻子，这样一来，谁是杀人的元凶便昭然若揭了。事态的发展出奇的快，玛丽与博斯韦尔公开地形影不离。5月中旬，两人正式结婚。玛丽等于不打自招。

玛丽干的傻事还在后面。不久，苏格兰掀起大乱，新教徒乘机起兵反对玛丽，苏格兰女王兵败卡伯里，被俘后遭监禁。几经波折，玛丽逃到英格兰来求助于姐姐伊丽莎白一世女

解不开的历史谜团 jiebukaidelishimdtuan

王。玛丽被软禁在英格兰各地16年。

1587年2月8日，苏格兰的玛丽女王被伊丽莎白下令处死，罪名是“叛逆”。

那么，这位苏格兰女王究竟是什么原因而招致被处以死刑的呢？真的是犯了所谓的“叛逆”罪了吗？

据伊丽莎白的大臣沃尔辛厄姆的审讯，说玛丽参与了以安东尼·巴宾顿为首的西班牙和天主教势力的阴谋。并且，英国历史学家，如贾斯珀·里奇利、P·E·霍利迪等，在他们所写的英国历史书中都认为沃尔辛厄姆确实掌握了证据。

☆ 苏格兰玛丽女王

还有人认为，沃尔辛厄姆是女王枢密院的大臣，他为创立密探机关费尽了心血。考虑伊丽莎白王位的安危，他屡次要求女王下令处死玛丽，但是伊丽莎白总是迟疑不决。这一次，沃尔辛厄姆设了圈套，让玛丽女王往里边钻。当有了确凿的证据时，便再次逼伊丽莎白签署命令杀死自己的皇亲。

此外，还有人认为，这次“定罪处死”的决定完全有可能是有伊丽莎白的阴谋。因为伊丽莎白的父亲亨利八世与安妮·博琳婚后3个月就生下了伊丽莎白，她是第二王后的庶生子女。因此从血统上看来，伊丽莎白不是合法的继承者。人非圣贤，每个人都很难超越人间的繁华和虚荣，伊丽莎白女王也不例外。据说有一天，女王正与其宠臣汤姆斯·汉尼兹共舞。她翩然生姿，心花怒放，穿着一套亮闪闪的篷裙，襞襟上的钻石在灯光下随着舞步显得熠熠生光。正在得意之时，一位大臣表示有要事禀报，在她耳根说了一句，只见女王的脸色骤变，把人们吓了一大跳。原来，玛丽有了子嗣。相比之下，伊丽莎白却依然独身一人。

苏格兰玛丽女王究竟犯了什么罪而被判处死刑？这个问题在历史上一直是人们争论的话题。然而，无论原

因如何，玛丽女王都已成为历史的牺牲品，恐怕只好有待于进一步发掘沃尔辛厄姆遗留下来的档案材料来进行深入的研究了。

·知识链接·

苏格兰：

苏格兰是大不列颠及北爱尔兰联合王国下属的地区之一，位于大不列颠岛北部，英格兰之北，以格子花纹、风笛音乐、畜牧业与威士忌工业而闻名。虽然在外交、军事、金融、宏观经济政策等事务上，苏格兰是受到位于伦敦西敏寺的英国国会管辖，但是对于内部的立法、行政管理上，拥有很大程度的自治空间，是联合王国内规模仅次于英格兰的地区。2012年10月15日，英国首相签署了苏格兰独立公投协议。根据协议，苏格兰将在2014年秋季就其是否脱离英国独立举行公投。

☆ 苏格兰人民一直为追求独立而坚持奋斗，他们所表现出的不屈精神也被世人赞叹，图为表现苏格兰人民不屈精神的电影《勇敢的心》剧照

解不开的历史谜团

jiebukaidelishimituan

埃及艳后死于"眼镜蛇之吻"吗？

在历史上诸多赫赫有名的女性当中，"埃及艳后"克丽奥帕特拉无疑是一位焦点人物。这位埃及绝世佳人凭借其美丽，不但暂时保全了一个王朝，而且使强大的罗马帝国的帝王纷纷拜倒在其石榴裙下，心甘情愿地为其效劳卖命。但是，这样一位令人神魂颠倒的埃及艳后之死却备受人们的关注。

普塔曾记录埃及女王克丽奥帕特拉于2000多年前因为无法承受失去至爱之人马克·安东尼，而在"眼镜蛇之吻"下结束了自己的生命。此后很多诗人、画家、剧作家将它描绘成浪漫凄美的爱情故事，但是这个故事是真是假，却一直备受争议。

在古埃及，咬死克丽奥帕特拉的那种眼镜蛇长度能达到2.5米。普塔的记载说，这条毒蛇是被放在竹篮里送进王宫的，克丽奥帕特拉和她的两个仆人就是被它咬死的，但是装这么长的一条毒蛇需要很大体积的竹篮，那么"庞大"的竹篮又怎么躲避卫兵的疑心呢？另外这里还存在一个时间问题。被眼镜蛇袭击的人通常毒发身亡的时间要相对长一些。有人记录过一个最短的死亡时间是两个小时。而卫兵几分钟后赶到现场时，克丽奥帕特拉和她的两位女仆已经都死了。这3个人死得如此迅速，创下了被眼镜蛇咬后毒发身亡的最快纪录，这会不会太迅速了？

还有，人被毒蛇咬时，中毒几率只有百分之五十，3个人一起中毒的几率更是微乎其微，这也说明普克塔尔的记载充满了矛盾。

第二个疑点就是克丽奥佩特拉在自杀前，曾向屋大维送出了一封自杀信。美国明尼苏达州明尼阿波利斯市犯罪研究专家帕特·布朗说："这显然不符合自杀者的性格。一个决心自杀的人绝不会事先向某人先送出一份示警性的遗书，好让他跑来拯救自己。"

而且在罗马，对于安东尼来说，战败的将军自杀是一种引以为傲的"死法"。但在埃及，人们将自杀看作是一种罪孽。作为女王的克丽奥佩特拉似乎不可能选择这种方式结束自

解不开的历史谜团

jiebukaidelishimituan

☆ 埃及艳后塑像

己。

　　还有人猜测，埃及艳后死于一场政治谋杀，凶手可能就是屋大维。

　　据帕特·布朗称，"在埃及从没有女仆陪主人自杀的传统，为什么那

两名女仆埃拉斯和查米恩在埃及艳后恐怖自杀后，没有立即撞门喊卫兵帮忙，而是选择一起死亡？很简单：屋大维除掉了所有目击者"。

　　布朗进一步分析，安东尼的男仆也随主人自杀身亡，他是不是也目

击到了一场谋杀呢？安东尼腹部的致命伤究竟是不是自己造成的呢？有没有可能安东尼被屋大维派遣的杀手刺杀，然后被带到克丽奥帕特拉跟前"示威"？

布朗说，安东尼被众人高举到窗口最后死在情人怀里的故事不可信。"这非常浪漫，"她说，"但毫无意义。"不过这对屋大维十分有意义，这是他向克丽奥帕特拉证明，她已经四面楚歌、孤立无援。可以为屋大维与她讨价还价提供有利条件。在屋大维和他的王位之间，有3个挡路者：安东尼，他取得罗马帝国绝对权力的竞争对手；克丽奥帕特拉，安东尼的支持者，掌管着埃及政权；克丽奥帕特拉之子小恺撒，埃及王位的继承人。屋大维在罗马的潜在对手。这些障碍已经一个一个被屋大维除掉了。

埃及艳后究竟是被眼镜蛇咬死的还是他人谋杀的，迄今没有明确的定论。也许真相早已湮没在历史的尘沙中，那我们永远也不会知道当时到底发生了什么。

但在最后时，他终于获知了情人的所在，并命人将他抬到她的房间外。隔着窗子倾吐完爱的宣言后，安东尼在爱人的怀抱中死去。

克丽奥帕特拉给屋大维写下一封密函，恳求他允许自己死后和安东尼葬在一起。屋大维看到这封信之后，

意识到她要自杀，于是立即派人前去阻止。当卫兵赶到的时候，她已经死了。她的两个女仆也都随着主人而去。她们选择了用同一种方法自杀：眼镜蛇噬身。

·知识链接·

屋大维：

盖乌斯·屋大维，罗马帝国的开国君主，元首政制的创始人，他统治罗马长达43年，是世界历史上最为重要的人物之一。他是恺撒的甥孙，公元前44年被恺撒收为养子并指定为继承人。恺撒被刺后登上政治舞台。公元前1世纪，他平息了企图分裂罗马共和国的内战，被元老院赐封为"奥古斯都"，并改组罗马政府，给罗马世界带来了两个世纪的和平与繁荣。

☆ 屋大维塑像

古埃及图坦卡蒙法老是死于谋杀吗？

古埃及在人们心目中一直都是一个充满了神秘色彩的地方，无论是其历史、人物、文化还是其建筑都神秘莫测，给人留下十分广阔的想象空间和研究领域。古埃及图坦卡蒙法老的死亡原因就是一个十分值得研究的问题。

图坦卡蒙是古埃及新王国时期第十八王朝法老（前1334－前1323），人们对他最多的印象，莫过于那张独具一格的金色面具。他原来的名字叫"图坦卡吞"，意思是"阿吞"的形象，后改为图坦卡蒙，意思是"阿蒙"的形象。说明他的信仰从崇拜阿吞神向崇拜阿蒙神转变的。图坦卡蒙并不是在古埃及历史上功绩最为卓著的法老，但却是在今天最为闻名的埃及法老王。他的闻名于世还在于他的死因之谜。

在开罗南700多千米的尼罗河西岸，埋葬着30多个法老，学者们称之为"帝王之谷"。1922年，考古工作者在"帝王之谷"内发现了距今3000多年前十八王朝的法老图坦卡蒙的陵墓。图坦卡蒙是著名的阿蒙普特四世（即埃赫那吞）王后尼费尔提提的女婿。他大约于公元前1361年登基，当时年仅10岁，娶了一个12岁的少女。19岁时他便死去了（也有人认为他死时18岁）。这些就是史料传说对他生平的全部介绍。图坦卡蒙的陵墓是迄今为止所发现的最完整、最有价值的古代埃及法老的陵墓。

1972年和1976年图坦卡蒙墓中出土的部分珍贵文物先后在伦敦、华盛顿展出，吸引了成千上万的欧美观众，再次轰动了整个世界。图坦卡蒙又一次成为人们津津乐道的话题。

古老的埃及法老的坟墓被打开之后，人们终于了解到古代埃及法老的葬制是如何的：整座墓由前室、墓室、耳室及库室组成。除墓室外，所有的地方都放满了家具、器皿、箱匣等各类器物，其中包括墓主人的宝库。墓中的每件器物，都以金银珠宝装饰而成。在墓室中还发现了两尊真人大小的乌木镀金雕像，学者们认为这就是图坦卡蒙的形象。这两尊雕像生动逼真、栩栩如生，充分反映了古

解不开的历史谜团 jiebukaidelishimituan

代艺术家们高超的技术和丰富的想象力。在八年的挖掘过程中，人们在墓中发现了2000多件文物，墓中奇珍异宝非常丰富。

图坦卡蒙的木乃伊置于三层棺椁内，两外层为锤金木椁，最内层是金棺。当揭开裹在木乃伊脸部的最后一层亚麻时，人们突然发现图坦卡蒙的脸上靠近左耳垂的地方有一处致命的创伤，创伤是怎么造成的？凶手是谁？

☆ 图坦卡蒙法老

这一切都是个谜。

英国利物浦大学专家1968年对图坦卡蒙木乃伊进行X射线扫描，在死者颅腔中发现了碎骨。这一发现为图坦卡蒙的死因又添迷雾，研究人员怀疑图坦卡蒙头部遭到猛击，可能是遭到谋杀，以至突然死亡。这种猜测与图坦卡蒙时代政局不稳的历史背景相符。

开罗大学放射学专家阿什拉夫·萨利姆在芝加哥举行的美国放射学会年会上公布了最近对图坦卡蒙木乃伊进行放射学检查的结果。检查证实木乃伊大腿部位有一处骨折，可能是图坦卡蒙在去世前不久受伤的痕迹。虽然并不致命，却很可能发生感染，导致这位年轻法老早亡。

一些人猜测，图坦卡蒙逐渐长大，谋求更多自主权，与其宰相发生冲突，遇害早亡。

还有一种猜测是：一位曾指责图坦卡蒙言语不敬的高级神职人员可能有谋杀嫌疑。

结合一些文献史料的记载和出土的壁画文物大体可以得知：由于图坦卡蒙登基时年纪非常小，只能同老臣阿伊共掌大权。他在19岁时突然死去。在他死后，他的年轻的皇后请求赫梯王派一王子与她完婚。可是赫梯王子在来埃及途中被人杀害。接下来，老臣阿伊继承了王位。那么，图坦卡蒙法老是不是就是被阿伊杀害的呢？然而，我们得到的这些零零散散的资料以及壁画毕竟不能完全把图坦卡蒙法老的死因说明白。

那么，这位古埃及法老的死亡原因到底是怎么回事呢？是因骨伤自然死亡还是由于阿伊为了篡位而对其实行了谋杀而死的呢？在这块神秘的土地上，每一个人充满了遐想，或许有朝一日随着考古工作的不断进行以及考古学的不断完善，更加有利的证据将为我们解开这个千古难解的历史奇案。

· 知识链接 ·

图坦卡蒙墓中的宝藏：

图坦卡蒙为现代西方人广为熟知是因为他的坟墓在3000年的时间内从未被盗，直到被英国探险家霍华德·卡特在卡尔纳冯伯爵的支持下发

☆ 埃及金字塔是法老最后的居所

现，并挖掘出大量珍宝，从而震惊了西方世界。

图坦卡蒙登基时，大金字塔就已经有1250年的历史了。他死时只有19岁，他的墓未被人盗过，因为他修建的金字塔在他死时还没修好，而被后来的宰相阿伊看中。图坦卡蒙只是葬在一个很小的地方，所以他的墓是唯一没被盗过的。

整座墓由前室、墓室、耳室及库室组成。除墓室外，所有的地方都放满了家具、器皿、箱匣等各类器物，其中包括墓主人的宝库。墓中的每件器物，都以金银珠宝装饰而成。在墓室中还发现了两尊真人大小的乌木镀金雕像，学者们认为这就是图坦卡蒙的形象。这两尊雕像生动逼真、栩栩如生，充分反映了古代艺术家们高超的技术和丰富的想象力。在八年的挖掘过程中，人们在墓中发现了2000多件文物，墓中奇珍异宝非常丰富。

解不开的历史谜团
jiebukaidelishimituan

第六章
难以破译的悬案

　　几千年的沧桑岁月，掩却了无数的名人轶事。在他们风光无限的背后，承受的也许是背叛的阴谋、篡位的恐慌；而他们的死亡，又焉知不是千年的诅咒、阴谋的结果……揭开历史，一窥背后的故事，品评难解历史悬案。

　　许多悬案将会成为永久之谜。不仅普通读者无法解读，即便是史学专家也得不出定论。

　　这无疑是历史留给后人的遗憾。

提修斯是不是真实的历史人物？

提修斯是古希腊的英雄人物，雅典的著名政治家。以提修斯为名的改革，是雅典国家形成过程中一系列变革的缩影。但是，提修斯这个人物在历史上是否存在过，引起了人们的争议。

提修斯在古希腊阿提卡文学作品中是经常出现的人物。相传他16岁来到雅典，在雅典人面临克里特人的威逼的危急时刻，挺身而出，把雅典人从水深火热中解救了出来。提修斯还是一个智勇双全的人物，他在克里特公主阿莉阿德涅的帮助下，打进迷宫，杀死牛头人身的怪物，救出同胞胜利返航。提修斯总是与希腊神话传说同在。在历史学家修昔底德笔下，提修斯是一位聪慧睿智、精明强悍的统治者，他平息了阿提卡境内的纷争，统一了全国，给国家定名为雅典。提修斯把全体雅典人分为贵族、农夫和手工业者三个阶层。为此，《荷马史诗》中称雅典人为"人民"。亚里士多德在《雅典政制》中指出，提修斯是首先转向人民大众的人，他废弃了君主一人专治的政制。不幸的是，可能由于改革受挫，提修斯竟客死他乡。提修斯到底是神话中的英雄还是现实世界里的政治家？提修斯这个人物存在与否不但引起古今中外众多历史学家的兴趣，也受到哲学家马克思、恩格斯的关注。

在迈锡尼文明时代，提修斯来到雅典之前已声名大振。克里特之行，他为雅典再立新功，从而改变了雅典对米诺斯王国奴颜婢膝的地位，双方平起平坐。提修斯救民于水火，功勋卓著获得国人的信任，又是先王之子，于是顺理成章地尊居为王。这段故事，有考古资料可以证明雅典曾屈从于克里特。

在迈锡尼时代的泥版文书中，也有"提修斯"这个名字。尽管出现在泥版文书中的提修斯绝不是雅典的那位政治家，但这个名字是属于迈锡尼时代的，则毫无疑问。

因为Ｄ·Ｌ·培基研究的结果表明，提修斯这个名字的词属于迈锡尼时代所特有，这也就从另一方面证明

解不开的历史谜团 jiehubudelishumituan

提修斯是迈锡尼时代的人。

从考古资料看，在提修斯所处的迈锡尼时代，雅典城确实是阿提卡的一个重镇。这是一个和平、进步与繁荣的时期，为提修斯改革并进行统一运动提供了良好的条件。C·G·托马斯认为这些事发生于公元前13世纪末和公元12世纪初期间。并指出，关于提修斯的传说和阿提卡的统一运动，就时间和地点来讲都无可怀疑。

马克思也曾提到，"提修斯好像是公元前13世纪下半叶雅典的巴赛勒斯，它的名字应该看做是这个时代或一系列历史事件的名称"。恩格斯称

☆ 爱琴文明时期的建筑

赞提修斯的改革"跨出了摧毁氏族制度的第一步"。

对于提修斯到底是不是历史人物的推测，有人指出，如果说提修斯统一了阿提卡，那么如何解释埃来夫西斯迟至公元前7世纪方归统雅典?还有人说，《荷马史诗》中关于雅典人的文字有后人杜撰的嫌疑，不可偏信;再说，神话、传说也不是历史。有人会问，既然提修斯在迈锡尼文明时代统一了雅典，并把雅典作为首都，为什么迈锡尼不像其他都城那样有大量泥版文书出土?也有人想到，在迈锡尼时代提修斯已经立国雅典，由此推算提修斯应该是公元前8世纪的人物，这又与C·G·托马斯的推断时间相冲突。至此，提修斯的存在与否迷雾重重，历史学家们对提修斯是不是历史人物的研究陷入了困境。

·知识链接·

迈锡尼文明:

迈锡尼文明也被称为爱琴文明，因为这一文明的存在被海因里希·施里曼对迈锡尼始于1876年的发掘而进入人们的视野。然而，后续的发现证明迈锡尼在爱琴文明的早期（甚至任何时期）并不占中心的地位，因而后来更多地使用更为一般的地理名称来命名这个文明。

古罗马"斯奇庇奥兄弟事件"的背景是什么？

斯奇庇奥兄弟在早期的罗马地中海争霸战争中曾经起到过十分重要的作用，且在当时名震四方，雄霸一时。任何一个有活力的民族都会对杰出高贵的敌人充满敬意，汉尼拔对罗马人斯奇庇奥就曾经给予过一定的赞誉。而"斯奇庇奥兄弟事件"的背景是人们一直争论的话题。

在古罗马史上，普布李乌斯·科尔内利乌斯·斯奇庇奥和他的弟弟卢启乌斯·科尔内利乌斯·斯奇庇奥都是名门望族科尔内利乌斯氏族的后裔。该氏族历代都有不少人出任过国家高级军政官职。斯奇庇奥兄弟二人的政治生涯及其个人经历都与战争有着不可分割的联系。斯奇庇奥兄弟是第二次布匿战争和东方战争中的著名将领。哥哥因攻占迦太基、结束第二次布匿战争而获得了"阿非利加征服者"的称号；弟弟因其在小亚细亚西部大败塞琉古军队、国王安条克三世被迫接受罗马和平条件而被称为"亚细亚征服者"。

斯奇庇奥兄弟的作战生涯对他们本人，乃至整个罗马共和国的历史都产生了非常重要的影响。可以说，斯奇庇奥兄弟的突出贡献对罗马地中海霸权的逐步确立起到了举足轻重的作

用。

斯奇庇奥兄弟生活的时代，正值罗马跨出意大利半岛，对外征服的岁月。他们的父亲、叔父都在同迦太基的战争中任军事将领，并由于军事上的失利，先后战死。罗马军队抵挡不住汉尼拔军队的攻势，屡战屡败。面对强悍的意大利汉尼拔的横冲直撞，年仅25岁的普布李乌斯·科尔内利乌斯·斯奇庇奥勇敢地担当了军事指挥官，发誓要为父亲、叔父报仇，不但要征服西班牙，甚至还要征服非洲。罗马人对他寄予厚望，元老院破格不考虑他没有任官职的阅历，任命他为西班牙的总指挥官。他不负众望，在公元前206年，基本上肃清了迦太基人在西班牙的势力。公元前204年，他开始着手征服非洲。公元前202年，在迦太基南部的札玛决战中，斯奇庇奥利用有利的地势，并得到努米底亚骑

兵队的助战，终于取得胜利。他彻底打败了汉尼拔，也彻底打败了罗马对外扩张中最强劲的一个对手——迦太基，结束了第二次布匿战争。

布匿战争后，罗马把注意力转移到了忙于争霸战争的东方，开始了新的扩张。在同安提奥库斯的战争中，由于普布李乌斯·科尔内利乌斯在公元前194年曾经任职为执政官，他的弟弟卢启乌斯·科尔内利乌斯也被选为公元前189年的执政官。兄弟二人同时前往东方，与安提奥库斯展开决战。普布李乌斯·科尔内利乌斯因病未能

☆ 布匿战争场景

直接指挥战争，由他的弟弟和另一位执政官担任指挥官。罗马军队取得了胜利，也使罗马对东方的霸主地位从此得以确立。

正当斯奇庇奥兄弟军事上业绩辉煌的时候，厄运也降临到了他们的头上。公元前187年，斯奇庇奥兄弟从东方凯旋后不久，两名保民官向元老院提出，要斯奇庇奥兄弟报告他们从安条克那里得到的款项。据说，普布李乌斯带来了文件，但没有作报告，而且当着元老们的面把文件撕得粉碎。可是罗马城内的人却传言，报告进行得不顺利。由于史料上的矛盾，所谓"斯奇庇奥兄弟事件"成了没有答案的谜。因为战时的罗马军事统帅几乎可以任意处理战利品和军事掠获物，对他们进行法律上的诉讼，或采取其他办法进行控告都是困难的。因此，种种迹象表明，全部事件的背景显然是在政治、利益方面上产生的。

"斯奇庇奥兄弟事件"的原委已经无法用史料来说明。一般认为，这次事件是由于斯奇庇奥集团势力过于强大而引起的。当时，各高级官职内部都有科尔内利乌斯氏族的人，或者有与该氏族关系密切的人，由此引起了另一部分新贵的恐惧。他们担心这些人会攫取政权、建立独裁，所以首先发难，对斯奇庇奥兄弟进行了指控。这种说法看似很有道理，但是并

没有完全说明整个事件的原委，还具有一定的模糊性。

"斯奇庇奥兄弟事件"的产生、经过到底是怎么回事？有什么内幕或是隐情？后人只能对其进行推测。因此，"斯奇庇奥兄弟事件"便成了不解之谜。

·知识链接·

布匿战争：

公元前264－前146年古代罗马与迦太基之间的三次战争。罗马人称迦太基人为"布匿"，故名。第一、二次布匿战争是作战双方为争夺西部地中海霸权而进行的扩张战争，第三次布匿战争则是罗马以强凌弱的侵略战争。

布匿战争在古代军事学术史上写下了重要的一篇。陆上强国罗马为战胜海上强国迦太基而建立了海军；迦太基统帅汉尼拔在不拥有制海权的情况下，从陆上翻越天险阿尔卑斯山深入罗马腹地；汉尼拔以劣势兵力围歼优势之敌和罗马海军所采取的接舷战，都是战术史上的杰作，这些对欧洲陆战和海战产生了深远的影响。罗马在征服迦太基之后，继续向地中海东部扩张，接连征服了马其顿王国和小亚细亚的西部和中部。到公元前44年，即至恺撒死，罗马殖民地已扩张到西自西班牙，北到瑞士和法国，东达叙利亚，南至埃及。到公元117年，北到英国，东到波斯湾，以地中海为中心，包括了欧洲几乎全部，非洲和亚洲很大一部分。布匿战争使得罗马打开了通向与称霸世界的大门。

☆ 布匿战争中的轻骑兵

暴君尼禄是罗马大火的纵火犯吗?

暴君尼禄被永远钉在人类文明史的耻辱柱上。各种文献记载,他几乎在所有领域都留下荒诞、残酷、淫乐的足迹。对于罗马发生的那场大火,有人怀疑尼禄即是真正的纵火犯。

公元64年7月18日,在罗马城内圆形竞技场附近,突然发生一场可怕的大火灾,当时还正刮着大风,借着风势,肆虐的大火持续了整整9天,被称为罗马空前的大灾难。这场突如其来的大火吞噬了数以万计的生命,让许多宏伟壮丽的宫殿、神庙瞬间化成了灰烬,而罗马人在无数次战争中掠夺来的奇珍异宝以及典章文集等有价值的文献资料也毁于这场大劫。这场大火使罗马城14个区仅剩下4个,其余的地方都只剩下断瓦残垣,废墟一片。谁是这场大火的纵火犯呢?古今的学者们对此问题颇有歧义。

据当时流行的传闻可以看出人们认为大火是尼禄下令放的。人们从尼禄登基后的所作所为以及在火灾时的表现寻找到相关的依据。

尼禄在罗马人心中是个暴君,他无恶不作。据说他曾毒死被废太子——布列塔尼和母亲阿格丽品娜。

后来遇到罗马一个名叫波培娅·萨宾娜的贵妇时,尼禄就和结发妻子奥克塔维亚离了婚。此后,尼禄的朝政日益腐败,有真才实学的官员逐渐被一群奸佞小人所代替。

这些人专投尼禄所好,使他整天不理朝政、纵情享乐、挥金如土,从而致使罗马国库积存耗损殆尽,财政赤字攀升。为获得更多钱财,尼禄巧立名目,增加赋税,肆意没收、侵吞富人的财产,从而引起了民愤。

据说,当罗马变成一片火海时,尼禄却怡然自得地在音乐的伴奏下,一边观赏烈焰涂炭生灵的情景,一边还高声吟诵有关古希腊特洛伊城毁灭的诗篇。并且大火过后,尼禄乘机在废墟上建造自己的"黄金之屋"。在这座"金屋"里,一切都极尽奢华,不仅有宫廷建筑中常见的金堆石砌,而且有林苑、田园、水榭、浴场等。宫殿内外装饰华贵、设备齐全。对此，尼禄感觉到满意，说这才像人住的地方。

根据尼禄的恶劣行径及传闻中其在火灾前后的行为，一些古代史学家就认定：尼禄是罗马大火的罪魁祸首。古罗马史学家塔西佗认为，尼禄是为了利用罗马大火来修造一座新的宫殿。他还描写道："当大火吞噬城市时，没有人敢去救火，因为许多人发出威胁命令不许救火，还有一些人竟公然到处投火把。他们喊着说，他们是奉命这样做的。"史学家苏埃托尼乌斯的记述则更为详尽："尼禄以不喜欢难看的旧建筑和旧街道为借口，竟然如此公开地烧了这座城市，以致前任的执政官在自己的庄园上发现尼禄的侍从拿着麻屑和火把时，竟然不敢拿捕他们。而在尼禄特别想占用黄金房屋附近的一些谷仓时，是先用作战武器摧毁后才烧光它们的，因为这些谷仓的墙壁是石头的。"许多后来的史学家都接受塔西佗的观点，认为尼禄是为重建罗马而纵火焚城的。

然而，尼禄是否就是罗马大火的纵火犯也有人持不同的看法。苏联学者科瓦略夫就不同意前边的说法，他认为"人民中间都传说，城市被烧是出于尼禄的意思。他仿佛是不满意于旧的罗马并想把它消灭，以便建造一个新的罗马。另一个说法是，烧掉城市是为了使元首能够欣赏大火的场面并鼓舞他们创造一个伟大的艺术品。显而易见，这些说法是与事实不符的"。科瓦略夫认为火灾是偶发事件，因为自称为艺术家的尼禄不应在月亮最圆、黑夜大地最亮时欣赏大火，因为这时它的"美丽"效果是不怎么好的。

还有人说，是仇恨罗马帝国的人放火烧了罗马城，或是被罗马毁了家园的亡国者做的。

然而，罗马城的这一灾难性事件到底是谁造成的，又因何而起的，是天灾还是人祸？至今仍然是个悬案。

·知识链接·

对艺术痴迷的尼禄：

尼禄热爱艺术，虽然执政上是公认的暴君，但在艺术上，他又是一位诗人、剧作者、演唱者和竖琴演奏者。他赞助文艺、建筑和各项工程发明，据说在罗马大火之后，他建造了著名的华丽无比的"金宫"。

日本皇室是世界上延续最长久的皇室吗?

　　日本皇室拥有2600多年的历史，是世界上少有的几个上千年来传承至今的皇族宗室，虽未有"万岁"之实，但和周边国家皇朝的频繁更替相比，日本这个菊花皇朝已经成了封建王朝"万岁"延续的经典。

　　研究日本史的权威学者认为，日本的菊花皇朝是世界上最古老的皇室，可称得上是世界上传承帝位时间最长的皇室。但是，也有人认为，从最初的日本皇位到当今的皇室系谱，实在难以考证清楚，而且不是嫡传脉系。

　　天皇家族是天照大神的后裔的说法，在日本从来没有人敢公开质疑，而且绝大多数人都心悦诚服地相信这一说法。大家都认为统一日本的第一位奠基皇帝就是天照大神的后裔，被称为神武天皇。神武天皇原是日本四大岛屿中位置最南的九州地区的神勇武士，在公元前660年征服了日本群岛中的其他岛屿，统一了日本，从此人民繁衍生息，皇权绵延，传到现今，明仁天皇就是一脉相承的第125位天皇帝君。但是，在1946年元旦，裕仁天皇向日本人民作广播演说时，他否定了自己家族是天照大神(也就是太阳女神)后裔之说，这在民众中引起了很大震动与反响。

　　有人研究后曾有疑问，日本的皇室系谱发展果真一直有根有据、事实清楚吗?公元前7世纪时，九州及其他日本岛屿上人烟稀少，社会文明发展程度充其量不过处于石器时代。关于日本的文字记载，最早出于中国的《汉书·地理志》："乐浪海中有倭人(中国古代称日本人)，分为百余国，以岁时来献见云。"记载的是公元1世纪的事情。可见，其实日本诸岛并非由一个统治者统一管治。

　　日本帝国的建立时间与谁是统一帝国的开国奠基皇帝有着很密切的关系。因此，要研究日本皇室，还得先从日本帝国建立时间入手。由于早期日本在离中国东部的海外，而且当时中国对外界事物并不予以关注，因此，中国的文献中并无对日本的皇室演变的记载。日本也对其本国在公元712年前无史料记载。在公元712年，由太安万侣撰写了一本《古事记》书，书中记述了从日本开天辟地起，至推古天皇(约592－628年在位)时的神话传说和史事，其记述中心是皇室系谱，此书说明公元8世纪日本诸岛业已成为统一的帝国。但历史学家认为，《古事记》明显带有政治色彩，是为当时统治者服务的，其"事实"和"日期"不可全信。

中国史书《魏志·倭人传》中曾对日本历史有所记载：日本"分为百余国"，均为小国家，没有统一，一直到卑弥呼(意为"太阳的女儿")时代，才逐渐产生统一的要求和趋势。那时许多小国归顺女王卑弥呼统治。约在公元183－248年，南边的狗奴国(以男子为王)仍不臣服女王卑弥呼，从而出现对峙局面。传说卑弥呼"居处宫楼观，城栅严设"，还说卑弥呼"以婢千人自侍"，卑弥呼死后，曾玄易为王，但持反对意见的人很多，于是改立卑弥呼的宗女一与为王，一与当年仅13岁，后来她被九州岛一个部落领袖打败。此部落领袖称崇神，在正宗皇室系谱中被称为第十位天皇。但谈到他的功绩时，他与传奇皇帝神武天皇一样，被称为"统治整个国家的头一位天皇"。只有"神武"与"崇神"两人名字与这一最高荣誉联系在一起。而"神武"与"崇神"两者发音相近，所以有些学者认为，

☆ 现代本州区域风景

崇神是真有其人，由于他的政绩，才引出神武天皇的神话。

有人曾研究，神武和崇神两人据传都从家乡九州出发，征服了要大得多的邻岛本州。因此，本州后来就一直成为国家的中心。崇神天皇生活在公元3世纪末至4世纪初，到公元318年去世时，所统辖领土已包括日本今日版图的绝大部分。但是，这并不能直接把崇神与裕仁的皇室系谱直线连起来。而且，这些人认为卑弥呼在历史上并无其真人存在，因此，《魏志·倭人传》中的记载上对日本第一位天皇是谁并不具有可参考性。

因此这些记载看似真实，但实际难以考证，于是，日本皇室的历史一直弥漫着一层神秘的色彩。所以我们仍需深入地做去伪存真的历史考证工作，来证

实日本皇室历史的来龙去脉。

·知识链接·

日本皇室的继承机制：

皇室身份的取得与脱离

所有皇室身份都是男系继承的，即皇族的子女、孙子女是皇族，而外孙子女不是，因为女性皇室成员（内亲王、女王）嫁给平民之后即脱离皇籍，成为平民。除非女性皇族成员嫁给男性皇族成员，女性皇室成员的后代才会是皇族。

取得皇室身份的途径包括在天皇、亲王、王的家庭中出生，或者嫁给天皇、亲王、王。而内亲王、女王不在此列。脱离皇籍的途径有成年后自愿脱离、女性成员和非皇族结婚、与皇族成员离婚等等。皇子诞生后在

正式命名之前先有宫号（或称号、幼名），如昭和天皇从前称迪宫裕仁，今上天皇从前称继宫明仁。

天皇继承

日本现行的皇室典范规定，女性皇族无法继承皇位，成年后也不像男性皇族能创设宫家，而降嫁后便自动脱离皇籍成平民。

但在现行的皇室典范制定且实施前，女性皇族虽然无法创设宫家，但降嫁后不需脱离皇籍，也能在无适任男性皇族继位的情况下，由女性皇族继承皇位成为天皇，甚至是天皇的遗孀也可以成为天皇，但她必须自己本身就是皇族，而且不曾和天皇以外的人生下子女。简言之，女皇只可以是男性皇族继位之间的过渡。有史可查的10任8位女天皇都是天皇的后代，并在继位之后没有生育，而且传位给了男性皇族。而日本早期传说中的天皇的传承则不得而知。

由于日本皇室从1965－2006年间没有男子诞生，天皇皇位在延续几代之后面临后继无人的可能，因此日本国会一度考虑修改皇室典范，允许女性皇族继位，并容许其和平民结婚传位给后代，或者恢复二战之后废除的宫家成员之后代的皇族身份。但在天皇次子秋筱宫文仁亲王的妻子文仁亲王妃纪子在2006年9月6日得子悠仁亲王之后，修改皇室典范的程序被搁置。

丘吉尔生日宴会遇险

英国首相温斯顿·丘吉尔是在第二次世界大战期间，带领英国人民取得反法西斯战争伟大胜利的民族英雄，是与斯大林、罗斯福并立的“三巨头”之一，是矗立于现代世界史册的一代伟人。丘吉尔这样的风云人物一生经历坎坷，在他生日宴会上的那次心有余悸的遇险一直扑朔迷离。

温斯顿·丘吉尔，政治家、演说家、作家以及记者，是20世纪最负盛名的英国资产阶级政治家，曾于1940－1945年及1951－1955年期间两度任英国首相，多次担任内阁大臣职务，被认为是20世纪最重要的政治领袖之一。在第二次世界大战中，他领导英国人民取得了抗击纳粹德国法西斯战争的胜利，被人们推崇为英国的拯救者。丘吉尔的一生坎坷曲折。在二战期间，他的非凡魄力和杰出才能得到了广大民众的支持，但也遭到了不少敌人的仇视。在他的生日宴会上发生的那次惊心动魄的遇险事件，则更加给他本来不平凡的人生经历中增添了扑朔迷离的色彩。

1943年11月30日这一天，是丘吉尔的69岁寿辰。当时，第二次世界大战进入了十分微妙的阶段，为了彻底摧毁世界法西斯联盟，丘吉尔以庆祝生日的名义，邀请了美国总统罗斯福和苏联统帅斯大林等34位贵宾，前往德黑兰聚会，以便共商大事。

丘吉尔的侍卫长汤普森负责这次具有特别意义的庆祝会的安全工作。他命令情报机构开足马力，仔细调查每一个来宾的详细情况。

宴会要开始了，丘吉尔以主人的身份领着客人们朝餐厅走去。这时，罗斯福总统新聘的私人秘书霍克犹豫了片刻。不要小看这位年轻的秘书，他的经历非常复杂，他在瑞士曾与盖世太保的特务有过接触，被纳粹用几十万英镑的现金所收买，准备在会议室内安放定时炸弹。但在当时别说携带定时炸弹进不了会议室，就连一根小小的针未经检查也带不进去。因此，那位私人秘书在等待时机。霍克转身从口袋里取出一个精致的小包放在桌上，又顺手取过一束鲜花，放在的祝贺声中，丘吉尔完成了这个值得纪念的仪式。然后，他十分高兴地致词说："我衷心感谢诸位光临我的庆寿仪式。尤其是，两位伟大的朋友斯大林元帅和罗斯福总统抽出宝贵的时间出席这个聚会，我深表感谢。"席间，宾主频频举杯，鼓掌声、碰杯声不绝于耳，大厅内都处于一片热闹喜庆的氛围之中。

突然，餐厅的南门打开了，一个侍者手托一只大盘子，上面放满布丁和盛有冰淇淋的杯子，看上去堆得很高，也很重。那个侍者脸上露出了惊恐痛苦的表情，脚步踉跄地走入了餐厅。紧接着，这个侍者连人带盘栽倒在斯大林的译员鲍罗克的身上，盘子中的布丁和冰淇淋溅得鲍罗克满身都是。望着鲍罗克尴尬的模样，人们不禁哄堂大笑。正在此时，餐厅的灯突然全部熄灭了。一片漆黑中，只听有人大声嚷道："抓住那位侍者！当心他的盘子！"接着，立即响起了枪声、碗碟的碎裂声和人们的骚乱声。当人们刚刚反应过来这是怎么一回事的时候，四周亮起了手电筒的光。这时，人们发现罗斯福的私人秘书霍克已被击毙，头部中弹，一只手枪掉落在一张椅子底下。那个侍者则倒卧在地，喉咙里被刺进了一根半寸长的细针。经过检查，发现侍者的托盘底部有个按钮，启开后，里面装有一枚微

☆ 丘吉尔摆出一个胜利的V字手势

小包上面，然后若无其事地步入了餐厅。非常老练的汤普森警觉地注视着这一切，随后取走小包，带到另一间屋子，轻轻地打开小包一看，里面只有一块十分昂贵的钟表。他又仔细地把小包和钟表检查了几遍，也没有发现什么可疑的地方。于是，他放心地走进了餐厅，来到了丘吉尔的身边。但是，他的脑海中已经存有疑虑，两眼更加警觉地注视着周围的动向。

此刻，餐厅中正在进行切割蛋糕仪式，一只精致的大蛋糕摆在餐桌上，上面点燃着69支蜡烛。在客人们

型定时炸弹和一只袖珍时钟，当时指针离12点仅差3分钟。汤普森急忙拔掉定时炸弹的引信，一场惊心动魄的大惨案才得以未遂。值得庆幸的是，丘吉尔只受了一场虚惊，毫发未损，而在场的斯大林、罗斯福及其他客人都安然无恙。

事后，丘吉尔得知希特勒曾下过一道死令："无论如何要干掉丘吉尔。"德国的密探和间谍千方百计跟踪他的行迹，大批纳粹特务汇集到德黑兰。然而，人们不禁提出许多疑问：那个被纳粹收买的私人秘书与携带定时炸弹的侍者是什么关系？是谁幕后指使侍者将定时炸弹带进餐厅的？又是谁在关键时刻打死了霍克并刺死了侍者，使丘吉尔转危为安的？时过境迁，这些问题一直悬而未决，成为未解之谜。

·知识链接·

丘吉尔的个人荣誉：

1953年因《二战回忆录》，获得诺贝尔文学奖。曾于1940－1945年及1951－1955年期间两度任英国首相，被认为是20世纪最重要的政治领袖之一，带领英国取得第二次世界大战的胜利。丘吉尔的头上戴有许多流光溢彩的桂冠，他是著作等身的作家、辩才无碍的演说家、经邦治国的政治家、战争中的传奇英雄。他一生中写出了26部共45卷（本）专著，几乎每部著作出版后都在英国和世界上引起轰动，获得如潮好评，被翻译成多国文字在世界各国广为发行，以致《星期日泰晤士报》曾断言："20世纪很少有人比丘吉尔拿的稿费还多。"

☆ 三巨头走进丘吉尔的生日宴会大厅

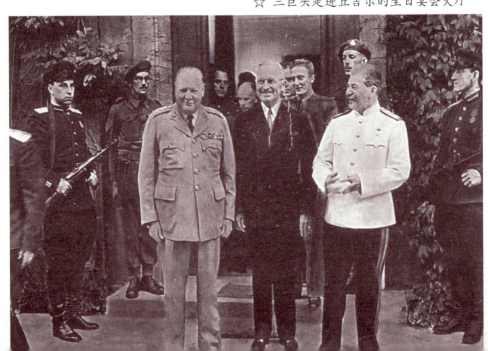

希特勒为何使用 "卐" 作纳粹标志?

纳粹主义是第二次世界大战前希特勒等人提出的政治主张。纳粹主义的基本理论包括：宣扬种族优秀论，认为 "优等种族" 有权奴役甚至消灭 "劣等种族"；强调一切领域的 "领袖" 原则，宣称 "领袖" 是国家整体意志的代表，国家权力应由其一人掌握；鼓吹社会达尔文主义，力主以战争为手段夺取生存空间，建立世界霸权；反对共产主义思想体系和社会主义制度，恶毒攻击马克思主义理论。那么，希特勒为什么选择 "卐" 作为纳粹的标志呢？

在二战期间，德国纳粹头子希特勒在选择纳粹标志时，选择了 "卐"，那么，希特勒为什么要选择这个符号来做他的党旗标志呢？

"卐" 的标志在古代印度、埃及、特洛伊、波斯、希腊等国的历史上均有出现，是上古时代许多部落的一种符咒，后来被古代的一些宗教所沿用。最初人们把它看成是太阳或火的象征，以后普遍被作为吉祥的标志。它被画在佛祖如来的胸部，被佛教徒认为是 "瑞相"，能涌出宝光，"其光晃昱，有千百色"。随着古代印度佛教的传播，"卐" 字也传入中国，在西藏一带盛行。这个字梵文读 "室利踞蹉洛刹那"，意思是 "吉祥海云相"，也就是呈现在大海云天之间的吉祥象征。

中国佛教对 "卐" 字的翻译也不是一成不变的。在我国北魏时期的一部经书把它译成 "万" 字；鸠摩罗什和唐代玄奘等人将它译成 "德" 字，强调佛的功德无量；唐代女皇帝武则天又把它定音为 "万" 字，意思是集天下一切吉祥功德。"卐" 字有两种写法，一种是左旋(卍)，一种是右旋(卐)。然而，佛家大多认为应以右旋为准，因为佛教以右旋为吉祥，因此佛家举行各种佛教仪式都是右旋进行的。

然而，二战期间，希特勒在选择纳粹党旗时，他亲自设计了红底白圆心，并且中间嵌一个黑色 "卐" 字来作为纳粹标志，而且，他在《我的奋斗》一书中说："红色象征我们这个运动的社会意义，白色象征民族主义思想。'卐' 字象征争取雅利安人胜利斗争的使命。"希特勒对这个设计非常满意，并认为"这是一个真正的象征"。后来，希特勒还为他的冲锋队员和党员设计了"卐"字臂章和"卐"字锦旗。

希特勒为什么要选择这样的标志作为其党旗呢？史学家们分析，可能有以下几种原因：

有的学者认为，可能是当时希特勒根据纳粹党名设计的。由于纳粹党的意思是"国家社会党"，在德文中"国家"和"社会"两个字都是以"s"字母打头的，而两个字头交错重叠在一起，就形成了"卐"字形状。但是不同的是，在佛家宗教里"卐"是金色的，而纳粹党旗上的"卐"却是黑色的。

另一种说法是，希特勒受到一个名叫"新圣堂骑士团"反犹组织的影响。这个组织认为，雅利安人是最优秀的民族，必须保持其纯洁的血统，世界才有希望。这与希特勒的观点是一致的。这个组织的发起者是一个传教士兼占星家，他为希特勒占卜，预言他日后将是震撼世界的人。听了这些话，希特勒很振奋。这个组织的标志符号就是"卐"字。所以，他在后来设计党旗时，选用了这一符号。

还有另外一种版本是美国学者罗伯特·佩恩提出的。佩恩认为，这是希特勒崇尚权威的原因。希特勒小时候，在他家附近有一座古老的修道院，修道院的过道、石井、修道士的座位以及院长外套的袖子上都饰有"卐"字标志。自那时候起，希特勒就认为院长拥有至高无上的权力，他就把"卐"视为院长权威的象征。因此，希特勒从小就有一股崇拜权威、追求权力的强烈欲望，并希望自己有朝一日能像院长那样拥有至高无上的权威。佩恩认为，选择"卐"字标志做党旗是由于希特勒想实现他从小拥有权威的愿望。

希特勒究竟为什么选择"卐"字标志做党旗标志？史学家们的答案不一而论，估计只有希特勒本人才知道其中的原因吧！

·知识链接·

纳粹：

"纳粹"的称呼来自德语的"Nazi"，是德文"Nationalsozialist"的简写。纳粹主义，是德文"Nationalsozialismus"缩写"Nazismus"的音译，意译为"民族社会主义"，是第二次世界大战前希特勒等人提出的政治主张。纳粹主义的基本理论包括：宣扬种族优秀论，认为"优等种族"有权奴役甚至消灭"劣等种族"；强调一切领域的"领袖"原则，宣称"领袖"是国家整体意志的代表，国家权力应由其一人掌握；鼓吹社会达尔文主义，力主以战争为手段夺取生存空间，建立世界霸权。

解不开的历史谜团

jiebukaidelishimituan

温莎公爵有没有叛国？

众所周知，在不列颠帝国将近千年的历史中，还没有一位国王像爱德华八世即温莎公爵那样会主动逊位，原因却是为了两个字——爱情。然而，对于温莎公爵是否叛国之说，我们还不是很了解

个叫做马丁·艾伦的作者声称自己有温莎公爵在二战期间亲手写给希特勒的信件，落款日期为1939年11月4日，即"二战"爆发后两个月。并称呼希特勒为"亲爱的希特勒"，结尾署名为"EP"，即温莎公爵当时偶尔使用的简称。信件披露了温莎公爵当年代表英军指挥官到法国前线巡视的资料，温莎公爵提醒希特勒留意传递该信给他的德国间谍口信，故他相信希特勒从这名间谍口中得知了法军防御弱点的高度机密，使德军在6周内先后攻陷法军和英军。信中还显示温莎公爵愿意在英国被迫签署和平协议后重登王位。马丁·艾伦把这些内容收集到一本名叫《秘密记录》的书中，所有的这一切都能指证温莎公爵曾经做过卖国贼。

那么作为不列颠帝国的一位国王，温莎公爵真的会做叛国贼吗？

1939年10月4日，英国前国王温莎公爵来到了法国，对法国进行一次亲善之旅。10月5日，波兰向德国投降。

☆ 温莎公爵

德国向西线进攻已经不是很遥远的事情了。当时，英国媒体报道说，温莎公爵此行的目的除了表示亲善外，还有为英国打探法国防御虚实的任务。

马丁·艾伦在他的新书《隐藏的日程》中曾经披露过：温莎公爵此次出行还有一个极为重要的事情就是为德国人充当间谍。他把一些重要的线索都提供给了希特勒，最后促成了希特勒对法国和英国的攻击。当然，白金汉宫方面对温莎的叛国罪行也心知肚明，但是为了家丑不外扬，便把温莎叛国的罪证全部销毁。然而，这句"亲爱的希特勒"便是百密总有一疏的一笔。

那么，马丁·艾伦的这些所谓的信件又是从何而来的呢？马丁·艾伦的父亲彼得·艾伦曾于1983年写过一本名为《王冠与纳粹十字》的书，书中也透露温莎与纳粹有密切关系。马丁·艾伦的这些信件正是来自他的父亲。老彼得曾数次采访希特勒的建筑和军需部长阿尔伯特·斯皮尔。其中一次是在1980年7月，斯皮尔亲手把一封信交给了彼得，并神秘地对他说："它对你或许有用。"

信的内容如下：

"亲爱的希特勒：

我最近刚从北方旅行回来，看到了很多有意思的事情。我已把我度假的情况非常详细地向你的熟人B先生说

了，我简直无法进一步强调这些信息的重要性，因此就尽量详细地对我们的朋友作了汇报。

有人向我提出了未来接受欢呼的建议，我也有同样的想法。虽然这件事将有助于缓和我们两国的关系，但我的意思是，这件事应非常小心地进行。

我已得到通知，如果事件仍是那样的话，我将再去一些地方。我相信，我可以从我们的朋友那里得到有益的帮助。

EP

1939年11月4日于巴黎"

当时，彼得·艾伦看到那是用德文写的，就没把它放在心上，于是就把它扔到了档案夹里。马丁·艾伦的父亲显然忽视了信的内容，因为他

☆ 二战时德军进军法国

解不开的历史谜团 jiebukaidelishimituan

不知道EP和B先生到底是谁。直到马丁·艾伦自己开始写书，当写到法籍国际商人查尔斯·比多克斯时，他才明白"B先生"就是比多克斯。

比多克斯是当时的富户，他曾为温莎公爵提供一座城堡作为温莎公爵和夫人完婚的地方，于是两人便成了好朋友。

1937年访问德国后，温莎公爵想到美国访问，但没能出行。他被警告说，如果继续与比多克斯保持联系，任何访问都将变成一场公共关系灾难。然而，直到1939年秋天，也就是战争爆发前夕，温莎与比多克斯的关系才得以恢复，他们有很多次被人看到在利兹饭店共餐。按艾伦的说法，正是在1939年11月6日与比多克斯共餐时，温莎公爵把这封信交给了比多克斯，让他转交给希特勒。第二天，比多克斯离开

了布鲁塞尔，前往科隆和柏林。

比多克斯效忠于希特勒却是千真万确的。1942年他在北非被捕，从他身上搜出的文件证明，他是德国的间谍。随后，他被送到美国，接受了联邦调查局的审讯。最后似乎是自杀身亡的。或许，那封信正是温莎公爵与希特勒的通信，而比多克斯又恰巧是他们二人的沟通中间人。

为此，马丁·艾伦毫不怀疑地认为比多克斯就是那封神秘的信件中提到的"B先生"，而"EP"显然是"爱德华王子"的缩写。那么，这些可以用来证明这封信就是温莎公爵写的吗？

马丁·艾伦为了证明自己的观点是正确的，于是就拿着这封信到处查找与温莎公爵一致的手迹，但是都很令他失望。后来，伦敦一位书法鉴定专家费利巴·拉维尔在将它与其他几份温莎公爵的手迹进行研究对比后确认，这封信就是温莎公爵写的。然而，几位纸张专家的分析却使马丁·艾伦又一次感到失望。据纸张专家说，这封信的纸从质量来看显然不是现代的纸，因此，专家又说这封信极有可能是伪造的。

其实，艾伦讲述的故事并非难以置信。在世人眼里，温莎公爵是一个堂吉诃德式的人物，什么事情都可能干得出来。

马丁·艾伦曾经说过："英国王室和政府一直不欢迎流亡的温莎公爵回国，并不仅仅是因为他娶了瓦丽斯，这种解释太勉强，一定还有其他原因。"这种观点似乎也很有道理。

究竟温莎公爵有没有叛国，做德国的间谍呢？看来只有在更多的史料档案出现后才能揭开这层神秘的面纱。

·知识链接·

温莎公爵:

　　1936年12月12日，乔治六世继位后的第一件事就是赐予爱德华"温莎公爵殿下"的头衔，意思是爱德华虽然放弃了皇位和继承权，却还是皇家一员。而乔治赐予辛普森的头衔却是"温莎公爵夫人"，不包括"殿下"，说明皇家还是不肯接受她成为皇家一员。也因为这样，政府每年支付的王室费中并不包括给她的，而是乔治六世从自己腰包里资助爱德华。而爱德华每日打电话要钱，却故意隐藏自己在当王子的日子里攒了百万英镑。爱德华因为妻子的头衔和钱，与皇室家庭其他成员，尤其是与母亲和弟弟在今后几十年里的关系都很紧张。

　　1937年6月3日，爱德华和辛普森夫人在法国结婚了。乔治六世禁止其他皇家成员观礼。

解不开的历史谜团

jiebukaidelishimituan

☆ 温莎古堡局部

【青少年探索·发现之旅丛书】

◎ 出版策划　　膳書堂文化
◎ 责任编辑　　张保林
◎ 文稿提供　　永佳世图
◎ 封面设计　　红十月设计室
◎ 图片提供　　全景视觉
　　　　　　　图为媒
　　　　　　　上海微图网络科技有限公司